Göschens Kaufmännische Bibliothek Band 3

Deutsch-Englische Handelskorrespondenz

von

John Montgomery M. A.
Principal of the City of Liverpool School of Commerce, Lecturer on Commercial Science at the University of Liverpool.

Zweite, verbesserte Auflage

LEIPZIG
G. J. Göschen'sche Verlagshandlung
1909

Druck der Spamerschen Buchdruckerei in Leipzig.

Inhaltsverzeichnis. Index.

Warengeschäfte.

Bankgeschäfte.

Wechselgeschäfte.

Kontokorrentgeschäfte.

Kommissionsgeschäfte.

Speditionsgeschäfte.

Cross-Index.

Allgemeines.

Die Firma des Absenders findet sich meistens vorgedruckt links oben am Briefbogen. Oft enthält der Vordruck Angaben über die telephonische oder telegraphische Verbindung.

Abgekürzte Aufschriften (telegraphic addresses) sind beim Telegraphieren zulässig, wenn sie bei dem Telegraphenamt hinterlegt worden sind. Die bei Großstädten erforderliche Angabe der Straße pflegt dem Namen der Stadt vorangestellt zu werden. Im Englischen erscheint die Hausnummer stets vor dem Straßennamen. Sie ist stets durch Komma getrennt.

Das Datum folgt gleich dem Namen der Stadt, z. B.:

32, Leadenhall Street, (oder "St.")
LONDON, 1st. January 19 . .

Bei kleineren Orten und solchen, die mit gleichnamigen verwechselt werden könnten, ist es ratsam, den Namen des Landes oder der Grafschaft (meist in Klammern) beizufügen, z. B.:

BRENTWOOD, 3rd January 19. .
(Essex)

BOSTON, 6th December 19. .
(Mass.)

BOSTON, 2nd December 19. .
(Engl.)

NEWCASTLE, ...
(Mon.)

NEWCASTLE, ...
(Co. Down)

Für Briefe, die an Gesellschaften oder Körperschaften gerichtet sind, genügt es gewöhnlich, auf dem Briefumschlag den Namen der betreffenden Körperschaft anzugeben:

"The Electric Copper Co. Ltd."

Wenn es sich aber um Angelegenheiten handelt, welche die Direktion der Gesellschaft angehen, dann ist es üblich, die Korrespondenz an den berufenen Vertreter der Gesellschaft zu richten, z. B.:

The Secretary,
Electric Copper Company, Limited.

In der Anrede sind nur die folgenden Formen zulässig:

Bei wenig bekannten Personen: "Sir", "Sirs", "Gentlemen" (Gentn.). Bei näher bekannten Personen: "Dear Sir", "Dear Sirs". Bei Damen: "Madam", "Dear Madam", Mehrzahl "Mesdames", aber nur bei brieflicher Anrede, bei mündlicher "Ladies". "Dear Gentleman" und "Dear Gentlemen" sind unzulässig.

In der Überschrift schreibt man "Mr." (bei Damen "Mrs.") vor dem Namen. "Mr." und "Mrs." werden nur *vor* Eigennamen gebraucht. Sie werden nie ausgeschrieben, also nie "Mister" noch "Mistress".

Bei Männern besseren Standes schreibt man Esquire (Esq.) *nach* dem Namen.

Beim Anfang des Briefes ist zu beachten, daß "Dear Sir" etc. nicht so weit nach rechts steht wie im Deutschen; der eigentliche Text fängt gleich auf der nächsten Zeile an, also ohne den Abstand, den man im Deutschen findet, z. B.:

Dear Sir,
I have received your favour of yesterday and shall be glad if you will call.
The matter referred to is receiving my earnest attention.
I remain, dear Sir,
Yours very truly,
John Smith.

Die entsprechende Schlußformel zu "Sir" oder "Gentlemen" ist "Your obedient servant" oder "Yours truly"; zu "Dear Sir" oder "Dear Sirs": "Yours faithfully". "Yours very truly". "Yours sincerely" trifft man selten im kaufmännischen Briefwechsel.

Beim Schreiben des Datums machen Ausländer sehr häufig den Fehler, 1th 2th 3th anstatt 1st 2nd 3rd und umgekehrt 4st usw. anstatt 4th usw. zu schreiben.

Im kaufmännischen Brief schreibt man nie "I inform (acknowledge, confirm, inquire" usw.), sondern "I *beg* (I *have*, I *venture*) to inform you" usw. oder "I take the liberty *of* inform*ing* you" usw.

"I *have received* your letter" ist nur am Tag des Empfanges zu schreiben; später "I *received*". Subjektive Adverbien wie: hoffentlich, sicherlich, leider, gern, zufällig, angeblich, sind durch Zeitwörter wie: I hope, I am sure, I am sorry to say, I shall be glad to, I happened to, he (she, it usw.) *is* said to, wiederzugeben.

Der kaufmännische Briefwechsel.

Der Briefwechsel des Kaufmanns hat die Erwerbung, Erhaltung und Erweiterung seiner geschäftlichen Beziehungen zur Folge.

Der kaufmännische Brief ist in doppelter Hinsicht von Bedeutung:

1. stellt er die getroffenen Abmachungen fest und dient deshalb in Streitfällen als Beweismittel;
2. bildet er die Grundlage für die Eintragungen in die Geschäftsbücher.

Einen sachgemäßen Brief wird nur der verfassen können, der mit dem Entwickelungsgange des Geschäftes, über welches er schreibt, wohlvertraut ist und zugleich die zur Erledigung desselben erforderlichen geschäftstechnischen Kenntnisse besitzt. — Diese Kenntnisse allein aber befähigen noch nicht zur Abfassung eines guten kaufmännischen Briefes; der Korrespondent muß außerdem:

1. die im kaufmännischen Briefwechsel üblichen Ausdrucksformen beherrschen;
2. sich kurz, deutlich und sprachrichtig ausdrücken;
3. für übersichtliche Anordnung des Brieftextes sorgen.

In dieser Beziehung theoretische Anweisungeu zu erteilen ist zwecklos, weil die Ansprüche außerordentlich verschieden sind und die Ausdrucksformeln je nach Art und Umfang des Geschäftes wesentlich voneinander abweichen.

Durch eingehendes Studium und gewissenhafte Nachahmung geeigneter Vorbilder wird der Lernende am schnellsten und sichersten in den Besitz der erforderlichen Kenntnisse gelangen. Die folgenden, dem Verkehrsleben der Gegenwart entlehnten Briefgruppen sollen ihm dabei behilflich sein.

Jede dieser Gruppen behandelt einen Geschäftsgang, d. h. sie umfaßt alle Verhandlungen, die von der Anbahnung bis zur Abwickelung des betreffenden Geschäfts geführt worden sind. Die verschiedenen Möglichkeiten, wie ein und derselbe Geschäftsgang sich abwickeln kann, sind in den einzelnen Beispielen berücksichtigt worden.

Die Gruppen sind untereinander so geordnet, daß der Lernende vom Leichteren zum Schwereren geführt wird.

Dem Inhalt nach behandelt die Sammlung in vier getrennten Abteilungen:

Abteilung A das Warengeschäft;
„ B „ Bankgeschäft;
„ C „ Kommissionsgeschäft;
„ D „ Speditionsgeschäft.

COMMERCIAL CORRESPONDENCE.

Correspondence enables the Merchant to create fresh connections and to maintain and extend those already existing.

It also constitutes the record of engagements entered into, and furnishes acceptable proof in case of litigation.

It furnishes the vouchers for Mercantile Book-keeping and Accounts.

In order to write a business letter properly, the writer must be acquainted with the history and nature of the matter involved and possess sufficient technical knowledge of the subject to ensure accuracy of judgment and expression.

1stly He must respect the generally recognised commercial modes of expression and methodical order of statement.

2ndly He must express himself with extreme care, accuracy, and precision.

3rdly The points must dealt with in their logical sequence, each new point in a new paragraph.

It would be idle to give detailed theoretical rules, in view of the great diversity of matters dealt with, the multiplicity of distinctive technical expressions, and the relations existing between the parties to the correspondence.

Practice and the imitation of reliable specimens of business letters can alone enable the student, already possessed of a technical knowledge of business, to acquire the qualities of a good correspondent.

The following letters have been divided into different groups.

Each group deals with a transaction in one particular line of business. Each series reflects the history of a specific transaction from the first relations between the correspondents to the final adjustment of the matter in hand.

The groups have been selected from actual business life, so as to show the great diversity of transactions which may arise and the great variety of resources available for their due conduct aud settlement.

The groups have been arranged according to the degree of difficulty they present, beginning, of course, with the easiest.

As to the branches of business treated, the letters have been divided as follows:

A. Part 1. Business in Goods.
B. „ 2. Banking.
C. „ 3. Commission and Consignment.
D. „ 4. Transport and Insurance.

Die jeder Abteilung vorangehenden Erläuterungen sollen einen allgemeinen Überblick über die Gattung vermitteln, während die den einzelnen Geschäftsgängen vorgedruckten Inhaltsangaben den geschäftlichen Vorgang beleuchten sollen. Diese Inhaltsangaben mögen zugleich als Anleitung zur Ausarbeitung der Aufgaben dienen.

Am Ende des Buches befinden sich Inhaltsangaben weiterer Geschäftsvorfälle, die selbständig auszuarbeiten sind. Ferner sind beigegeben:

1. Die wichtigsten in der Handelssprache vorkommenden Abkürzungen.
2. Eine Sammlung gebräuchlicher Redewendungen.

A. Das Warengeschäft.

Im Warengeschäft kommen hauptsächlich folgende Briefgattungen in Betracht:

a) Anfragen (Bitte um Preisanstellung);
b) Anträge (Angebote, Anerbieten, Offerten);
c) Bestellungen (Aufträge, Orders);
d) Auftragsbestätigungen oder Ausführungsanzeigen mit Rechnung;
e) Begleichung der Rechnung (Anschaffung, Zahlung, Regulierung);
f) Empfangsbestätigungen (Empfangsanzeigen).

In einzelnen Fällen werden noch hinzukommen:

g) Erkundigungen;
h) Beschwerden (Reklamationen);
i) Mahnungen.

a) Anfragen (Bitte um Preisanstellung).

Eine wesentliche Aufgabe des Kaufmanns besteht darin, sich für seine Ware die billigsten Bezugsquellen zu sichern. Fehlt es ihm an Angeboten, oder erscheint ihm das Gebotene ungenügend, so wird er bei verschiedenen Lieferanten Umfrage halten und unter den eingehenden Angeboten seine Wahl treffen.

Anfragen können mündlich, telephonisch, telegraphisch oder brieflich erfolgen; sie erstrecken sich auf Beschaffenheit (Qualität), Menge (Quantität), Preis und Lieferungsbedingungen.

Each group is preceded by some general information regarding the branch of business to which the letters relate and the various stages of the transaction in question. To afford a clear idea of the sequence of the letters a short synopsis has been placed at the head of each series.

Data for similar letters to be worked out in accordance with this synopsis will be found at the end of the book.

As supplement, have been added:

1. The abbreviations most frequently met with in commercial correspondence.
2. A number of useful forms.

A. Business in Goods.

Transactions in goods entail the following correspondence:

a) Opening Connections; Asking for Quotations.
b) Requesting Custom; making offers.
c) Orders.
d) Acceptance of Orders; advice of execution.
e) Settlement of Account; Remittances, Payments.
f) Acknowledgment of Receipt.

In certain cases there will be further:

g) Inquiries and Reports.
h) Objections, Claims, and Explanations.
i) Applications for Payment.

a) Opening Connections.

An essential condition of success in the goods trade is the ability to procure good merchandise at fair rates. It is of importance to the merchant to inquire where he may procure the best goods at the lowest prices and to address himself to these sources rather than to others, when he has occasion to make purchases.

His inquiries may be made personally, by telephone, telegraph or letter, and must refer distinctly to the quantity, quality, price and terms of sale. Information

Für gewöhnlich bestätigt der vorsichtige Geschäftsmann brieflich die mündlich, telephonisch oder telegraphisch getroffenen Vereinbarungen, um Mißverständnissen vorzubeugen.

b) Anerbietungen und Anträge (Preisanstellung, Offerte).

Von den allgemeinen Anerbietungen an das Publikum, wie sie durch Annoncen, Preislisten, Kataloge, Zirkulare, Auslegen der Ware an der Verkaufsstelle usw. erfolgen, ist der eigentliche Antrag zu unterscheiden, der mündlich, brieflich, telephonisch oder telegraphisch, auch durch Vermittlung von Reisenden, Agenten und Kommissionären gemacht werden kann.

Häufig gehen mit den brieflichen Anerbieten zugleich Warenproben und Preislisten an die Adressaten ab.

Lautet der Antrag auf einen bestimmten Warenposten, oder sind Qualität, Quantität, Preis und Lieferungsbedingungen angegeben, so ist der Verkäufer verpflichtet zu liefern, wenn der Antrag rechtzeitig angenommen wird.

Will sich der Antragende das Verfügungsrecht über die dem Käufer angestellte Ware vorbehalten, so muß er seinem Antrag die Bemerkung „freibleibend", oder „ohne Verbindlichkeit", oder „ohne Obligo" usw. beifügen.

c) Bestellungen (Aufträge, Orders).

Bei Bestellungen müssen Beschaffenheit, Menge und Preis der geforderten Ware genau angegeben sein; häufig wird man dem Auftrag Vorschriften über Verpackung, Versendung und Zahlung hinzufügen.

Kann sich der Besteller auf früher erteilte Aufträge beziehen, so vermeidet er die Wiederholung dieser Angaben durch den Zusatz „wie gehabt".

d) Ausführungs- und Versandanzeigen; Rechnungen.

Kann ein Auftrag nicht sofort erledigt werden, so wird dem Auftraggeber vorläufig der Eingang desselben angezeigt. Zur Verhütung von Mißverständnissen wird die Bestellung in der Auftragsbestätigung wiederholt, oder es wird dem Briefe eine Kommissionskopie beigelegt.

Ist der Auftrag sofort ausführbar, so tritt an die Stelle der Auftragsbestätigung entweder die Versandanzeige oder der Fakturenbrief oder die Rechnung.

Die Versandanzeige oder der Text des Fakturenbriefes enthält:

1. Datum und Form der Bestellung (durch Telephon, Depesche, Brief, Vertreter);
2. Datum der Ausführung und Form der Versendung;
3. Rechnungsbetrag nebst Bitte um dessen Gutschrift;
4. Abmachungen bezüglich der Zahlung;
5. Bitte um weitere Aufträge.

obtained by word of mouth, telephone, or telegraph, is generally confirmed by letter to avoid any misunderstanding.

(NOTE. In English law no contract for over £ 10 value is enforceable unless confirmed in writing.)

b) Request for Custom.

Orders are sought by personal visits, mostly undertaken by commercial travellers or other representatives. Offers may also be made by telegraph, telephone, or letter, circular, advertisement &c.

When offers are made by letter adressed to the entire body of customers they are generally printed (offer by circular). If destined for special customers only they are, naturally, either written or typed.

Quotations by circular issued on the Continent often bear no other date than the postmark, but the practice is disapproved of in England.

Such circulars often take the form of a price-list (for manufactured articles) or price-current (for market goods). Manuscript offers generally refer to a particular parcel of goods and specify the quantity available as well as the price and terms of sale. The quality is indicated by sample or by reference to an accepted standard. Sellers often request a bid instead of specifying a price.

Quotations or Offers are binding generally on the seller if made without some such reservation as "delivery not guaranteed", or "unless previously sold", "prices subject to alteration" &c.

c) Orders.

The order ought to specify precisely the quantity, quality, and price of the desired goods. The purchaser often gives instructions as to packing, forwarding, and mode of payment.

The purchaser may give his order on a docket (beginning-"Please furnish") or order-sheet. This order sheet is a printed form containing all necessary instructions for the execution of the order, in spaces left vacant for the purpose and filled in by the purchaser.

(NOTE. *"Indents"* or foreign and colonial order-sheets must be made out with extreme detail and accuracy, as no additional instructions or explanations can be obtained in time, without great expense.)

d) Execution of Orders.

If the seller cannot execute the order immediately, he will hasten to acknowledge receipt and accept it by post-card, letter, or contract-note. To avoid any misunderstanding, the acceptance or contract-note will contain the same details as the order itself, viz: exact specification of goods, price, terms, of payment, delivery, &c. In association contracts the terms are printed in detail.

If the goods are forwarded at once the order has been *de facto* accepted on the terms stated and the invoice must be made out in accordance with these.

Die Rechnung selbst muß folgende Angaben enthalten:

1. **Namen oder Firma des Absenders der Ware (Verkäufers);**
2. **Ort und Zeit der Ausstellung der Rechnung;**
3. **Namen oder Firma des Empfängers der Ware (Käufers);**
4. **Zeichen und Nummer sowie Art der Verpackung (Faß, Kiste, Sack etc.);**
5. **Menge (Anzahl, Maß, Gewicht), Namen und Preis der Ware;**
6. **Beförderungsart (Bote, Fuhrmann, Post, Schiff, Bahn: Eilgut, Frachtgut);**
7. **Angaben über Zahlung (Anschaffung, Regulierung).**

Außerdem können noch Lieferungsfristen vereinbart, Versicherung der Ware auf dem Transport vorgesehen oder Bedingungen über Rücksendung der Verpackung, Zulässigkeit von Reklamationen usw. gestellt werden.

e) Begleichung der Rechnung. (Zahlung, Anschaffung, Regulierung).

Die Erlegung des Rechnungsbetrags seitens des Käufers kann nach Zeit, Form und Art verschieden sein. Die Begleichung kann erfolgen:

a) „Zug um Zug", d. h. bei Übernahme der Ware;

b) „per Kasse", d. h. innerhalb einer kurzen Frist (10 bis 30 Tage) vom Datum der Faktur ab gerechnet;

c) „auf Ziel", d. h. nach einer im voraus bestimmten Frist;

d) „gegen Einsendung des Betrags" bei der Bestellung;

e) „gegen Nachnahme" durch die Post- und Bahnverwaltung.

Bar- und Zielkauf. Erfolgt die Bezahlung der Ware „Zug um Zug" oder „per Kasse", so spricht man von „Bar- oder Kontantkauf"; ist der Kaufpreis „auf Ziel" vereinbart, so bezeichnet man das Geschäft als Zeit- oder Zielkauf.

Zahlungsmittel:

a) Bargeld (Gold, Silber oder Banknoten);

b) Einzugspapiere (Wechsel, Scheck, Anweisung);

c) Forderungen, die in Gegenrechnung gestellt (abgerechnet, verrechnet) werden.

Zahlungsformen:

a) Entrichtung des Betrags an der Kasse gegen Quittung;

b) Aushändigung des Betrags an den Verkäufer oder an dessen Bevollmächtigten (Reisenden, Agenten);

c) Zusendung des Betrags durch Vermittlung der Post (Postanweisung, Geldbrief);

d) Übertragung der Summe von einem Konto auf das andere (Giroverkehr).

Skonto. Käufer, die das vom Verkäufer gewährte Ziel in Anspruch nehmen, haben den vollen Fakturenpreis zu erlegen.

Käufer, welche vorziehen früher zu zahlen, können in der Regel einen Preisnachlaß beanspruchen, dessen Höhe sehr verschieden ist.

Im Warengeschäft pflegt die Höhe dieses Preisnachlasses, in Prozenten ausgedrückt, am Kopf der Faktur angegeben zu sein und wird meist Skonto, selten Rabatt oder Dekort genannt. Der für Skonto angegebene Prozentsatz bezieht sich auf die jeweilige Zahlungsfrist.

The (Inland) *Invoice* contains:

1. The address of the seller (with telegraphic address and telephone number).
2. The date (being that of the despatch of the goods).
3. The name and address of the purchaser followed by "BOUGHT OF" (not "DR. TO.". This is found on statement of account).
4. The name of the seller's firm*.
5. Quantity (weight, measure of capacity, length), kind, quality and price of the goods.
6. Total amount of indebtedness and terms of payment.
7. Reservation of right to rectify errors and omissions, generally by the letters "E. & O. E." (errors and ommission excepted).

Foreign and country invoices as distiuguished from local invoice contain:

8. Number or date of indent or order.
9. Mode and route by which the goods are forwarded: per carrier, per rail, per S. S. (Steamship).
10. Marks, numbers and nature of package: case, box, crate, barrel, bag, sack, bale, &c.
11. Terms of carriage as "per goods train," "per passenger train," "F. O. B." (Free on Board), "C. I. F." (Cost, Insurance, Freight) &c.

Reference is often made to other particulars such as insurance; arbitration in case of dispute; interval allowed for claims; return of empties, &c.

e) Settlement of Account.

Accounts may be settled (paid) in various ways, as to time, place, form and manner.

Goods may be sold against payment "in advance" or "on delivery", for cash or on credit. Payment in advance means a remittance of the amount of the invoice, before the despatch of the goods. "Cash on delivery" indicates that the goods will only be handed over to the purchaser by the seller's agent against payment of the invoice amount and charges. "Prompt cash" means payment by return of post. "Cash" means payment within a few days, according to the custom of the trade.

Payment of goods bought *"on credit"* takes place a certain specified time after delivery. "One month's credit" means payment one month after delivery**.

A percentual deduction (Discount, rebate) from the amount of the invoice is allowed to a purchaser, who settles before the specified time.

"Cash against-documents" means that the Bill of Lading &c. will only be delivered up against cash.

Discount and credit are frequently granted; "10 days and 1½%" means payment of amount in 10 days less 1½% discount. Discount on an invoice is *absolute* discount.

---

* "Firm" means the *house* and not the *name*.

** Smaller transactions are generally settled on the 1st/4th of each month, "A month's credit", usual in many trades, means payment on the 4th of the following month for goods bought before the 15th and the 4th of the next month but one, for goods bought after the 15th.

Sind also bei einer Rechnung von 1000 Mark, die in 3 Monaten zahlbar ist, 3 % Skonto angegeben, so beträgt der Preisnachlaß bei Barzahlung 30 Mark.

Diskont. Im Bankgeschäft wird auf Wechsel, die noch nicht fällig sind, ebenfalls ein Preisnachlaß als Entschädigung für die Zinsen berechnet, welche bis zur Einlösung der Wechsel laufen. Auch dieser Preisnachlaß wird nach Prozenten berechnet und heißt Diskont. Der für Diskont angegebene Prozentsatz bezieht sich auf das Jahr.

Sind also bei einem Wechsel von 1000 Mark, der in 90 Tagen fällig ist, 3 % Diskont zu berechnen, so beträgt der Preisnachlaß bei Begebung desselben 7,50 Mark.

Annahme von Geldbeträgen. Handlungsreisende sind kraft ihrer Stellung zur Erhebung von Geldern bei der Kundschaft befugt, dagegen müssen Agenten zur Entgegennahme von Zahlungen besonders bevollmächtigt sein.

Einziehung von Geldbeträgen. Fällig gewordene Rechnungsbeträge können durch Vermittlung der Post (Postaufträge, Postnachnahmekarten) eingezogen werden. — Mitunter beauftragt der Gläubiger einen Geschäftsfreund oder ein Bankhaus am Platze des Schuldners, den Betrag gegen Quittung zu erheben, nachdem er den Schuldner zuvor brieflich von diesem Schritte verständigt hat.

Überweisung. Die Begleichung des Rechnungsbetrags durch Überweisung kann nur erfolgen, wenn Käufer und Verkäufer bei demselben Bankhause Girokonto haben. Sie erfolgt durch Übertragung der vom Auftraggeber bezeichneten Summe von dessen Konto auf das Konto des andern Girokunden.

Roter Scheck. Die Reichsbank besorgt diese Übertragungen für ihre Girokontoinhaber kostenlos und in jeder beliebigen Höhe, gleichviel, ob die Überweisungen auf denselben Platz lauten oder nach einem anderen Orte bestimmt sind, an dem die Bank eine Zweiganstalt unterhält.

Zu Übertragungen auf Konten an demselben oder an einem auswärtigen Bankplatze sind rote Scheckformulare bestimmt, die die Reichsbank kostenlos in Heften von mindestens 50 Stück an ihre Girokunden abgibt. Diese Scheckbücher sind sorgfältig aufzubewahren.

Weißer Scheck. Bare Abhebungen erfolgen durch weiße Schecks, welche auf eine bestimmte Firma lauten und zur Erhebung von Bargeld an den Überbringer dienen.

Doppelquittung. Bei Zahlungen für Rechnung Dritter werden die Quittungen oft doppelt ausgestellt; sie tragen dann den Vermerk: „doppelt für einfach gültig".

f) Empfangsbestätigungen (Empfangsanzeigen).

Der Eingang einer Geldsendung wird dem Absender vom Empfänger durch Brief oder Postkarte bestätigt. Die Empfangsanzeige gibt den Betrag, das Zahlungsmittel, etwaige Abzüge für Skonto etc. und die Verbuchung an, die das Geld gefunden hat. Sie schließt gewöhnlich mit einem Worte des Dankes und der Empfehlung zu ferneren Diensten.

"Three months' credit or 5 % discount for cash" on £ 100 means a cash payment of £ 95. Rebate ist the *interest* allowed on a payment made before due.

Place. Payments may be effected (a) at the seller's residence by a remittance to him or his banker, (b) at the debtor's residence by collection *i. e.* by a draft on him or his banker, or payment to the creditor's traveller or agent.

Form. Payment may be made in (a) *money* (coin, specie, bank-notes or other legal tender), (b) by an *instrument* of *credit* (cheque, bill, banker's draft, cash order, postal order, &c.) or, (c) in *goods*, the amount of one invoice cancelling that of the other.

Commercial travellers or other agents who are in the habit of acting for the seller may also collect payment for the goods they have sold, and their receipt is binding on their principal, except distinct notification to the contrary effect is made on the invoice, statement of account, or otherwise.

Railway and steamboat companies only collect charges. The Post Office does not collect debts of any kind for others.

Transfers in Account Current are only usual in connection with clearing-house (Abrechnungsstelle) business. Transfer of an amount from debtor's to creditor's account is effected by handing the former's cheque to the latter, as if they had different bankers. *Telegraphic transfers* are payments to account by telegraph.

Receipts in Duplicate are often given. They bear the words; "as per duplicate of same tenor and date".

f) Acknowledgments of Receipt.

Receipt for a payment in legal tender bears the date and amount received.

Receipt for a payment by cheque bears the words "by cheque" and is only final when the cheque has been paid.

A cheque returned unpaid renders the receipt void.

On the other hand the endorsement of the payee on a cheque is proof of receipt of the amount, but an ordinary acknowledgment is also invariably given for the payment.

An acknowledgment of receipt may be by letter, by postcard, on a printed form, or on the invoice itself.

Where discount &c., has been deducted it must be clearly indicated whether the payment is accepted as full discharge of the debt. The usual form of a receipted account is:

To Goods	£ 100
By discount	5
	95
By cheque (cash &c.)	95

(Signature) (Date) (Penny Stamp)

The word "Paid" or "Received with thanks" written at foot af an account, with signature, date and stamp is also sufficient.

That corresponding entries (Verbuchung) are made is a matter of course and is not mentioned.

Receipts for amounts of £ 2 or more require a postage stamp affixed or impressed and cancelled by the payee with date and initials.

Briefe im Warengeschäft.

Kaffee.

1. Unter dem Datum des Poststempels offerieren Blank & Co., Leipzig, durch gedrucktes Zirkular ihrer Kundschaft besonders preiswerte Kaffees.

2. Am 10. August 19 . . wiederholen Blank & Co. brieflich ihre Offerte, da das Zirkular unbeantwortet geblieben ist; gleichzeitig überreichen sie Preisliste und Proben.

3. Am 15. August 19 . . bestätigt Richard Martin, Grimma, den Empfang des Antrags vom 10. d. M. und erteilt einen Auftrag.

4. Am 17. August 19 . . zeigen Blank & Co. mittels Fakturenbriefs an, daß der Auftrag ausgeführt ist.

5. Am 28. August 19 . . schickt Richard Martin den Rechnungsbetrag abzüglich Skonto per Post ein.

6. Am 29. August 19 . . bekennen sich Blank & Co. durch Postkarte zum Empfang des Geldes.

1.

Blank & Co.,
Kaffeeimport.
Fernsprecher No. 868.

Leipzig, Datum des Poststempels.

P. P.

Infolge günstiger Abschlüsse sind wir in der Lage, Ihnen folgende Kaffees in vorzüglicher Qualität zu den beistehenden sehr vorteilhaften Preisen unter bekannten Konditionen zu offerieren:

reell breitbohnigen Rio, je nach Qualität	85— 89	Pfennig.
„ Santos Perl	72— 98	„
gewaschenen Guatemala	74— 84	„
Preanger	95—105	„
Menado	110—125	„

Wir bemerken, daß die Ende vorigen Jahres begonnene Preissteigerung langsam fortschreitet und sich besonders in den billigsten Sorten sehr bemerkbar macht. Es empfiehlt sich deshalb, mit der Bestellung nicht zu zögern.

Hochachtungsvoll

Blank & Co.

Business in Goods.

Coffee.

Précis.

1. Under date 1st August 19.. Messrs. I. M. Porter & Co. London offer their customers different qualities of Coffee by printed circular.

2. 10th August 19.. Porter & Co. repeat their offer by letter to Messrs. A. Dealer & Co. Leeds. Some samples are sent by the same post.

3. 15th August 19.. Messrs. Dealer & Co. Leeds acknowledge receipt of samples and quotations. They forward an order.

4. 17th August 19.. Porter & Co. advise dispatch of goods by sending invoice for same.

5. 28th August 19.. Dealer & Co. Leeds remit Porter & Co. London amount of their invoice less discount.

6. 29th August 19.. Porter & Co., London, acknowledge receipt of remittance.

1.

I. M. PORTER & CO.
Colonial Produce Merchants.
Telegrams "Import".
Telephone 1573.

216, Mark Lane,
LONDON, 1st August 19..

Gentlemen,

As large & favourable contracts for September delivery of South American and other Coffees were effected here during the prevalence of low quotations, our leading importers are now offering better-class qualities at exceedingly moderate rates. The small visible supply of East-India, Java, and other brands is however sure to affect the market favourably later on and we should strongly recommend you to buy at once. Latest quotations are for:

Santos, Good Average,	30/—	per	Cwt
„ Choice	34/6	„	„
Guatemala clean . . .	45/—	„	„

Yours faithfully,

I. M. Porter & Co.

Messrs. A. Dealer & Co.
LEEDS.

2.

Blank & Co.,
Kaffeeimport.
Fernsprecher No. 868.

Leipzig, den 10. August 19 . .

Herrn Richard Martin, Grimma.

Zu unserem Bedauern vermissen wir seit längerer Zeit Ihre geschätzten Aufträge.

Wir übersandten Ihnen heute per Post unsere soeben zur Ausgabe gelangte Preisliste für rohe und geröstete Kaffees zur gefl. Durchsicht.

Außerdem bemusterten wir Ihnen als besonders preiswert, ab hier, zu den bekannten Bedingungen:

No. 820	ff.	Menado	per 1/2 kg	à	120 Pf.
„ 842	„	Guatemala	„ „ „	à	82 „

Es würde uns freuen, wenn diese Kaffees Ihren Beifall fänden und Sie uns Ihre geschätzten Aufträge überschreiben wollten.

Hochachtungsvoll

Blank & Co.

3.

Richard Martin,
Kolonialwaren.

Grimma, den 15. August 19 . .

Herren Blank & Co., Leipzig.

Im Besitz Ihres Geehrten vom 10. d. M. danke ich Ihnen für gefl. Zusendung der Preisliste und Proben.

Für die mir bemusterten Kaffees habe ich augenblicklich keine Verwendung. Dagegen bitte ich Sie, mir als Frachtgut zu senden:

2	Sack	Salem Plantagen	à ℳ	1,10
1	„	ff. Santos reell breitbohnig .	à „	0,65

Ich rechne auf umgehende Erledigung meines Auftrags und zeichne

hochachtungsvoll

Richard Martin.

2.

I. M. PORTER & CO.
Colonial Produce Marchants.
Telegrams "Import".
Telephone 1573.

216, Mark Lane,
LONDON, 10th August 19..

Messrs. A. Dealer & Co., Leeds.

Gentlemen,

We observe with regret that for some time past we have been without your valued orders and now venture to enclose you our latest price-current of Coffees. We also forward you under separate cover* samples of two sorts likely to suit your trade, viz:

820 Menado fair to good ordinary 89/-
842 Guatemala middling grey . . 46/-

duty paid, free on rail here. Subject to acceptance on or before 13th inst.

We should be glad to receive your orders and should do our utmost to merit a continuance of your confidence.

Yours faithfully,

I. M. Porter & Co.

---

* Inland Letters, printed matter and samples are all forwarded at the same rate, viz. $^1/_2$ penny for every two ounces (60 gr). (Minimum for letters 1d.)

3.

A. DEALER & CO.
Grocers.

126, York St.,
LEEDS, 15th August 19..

Messrs. I. M. Porter & Co., London.

Dear Sirs,

We are obliged for your favour of 10th inst with samples & price-list as stated. We are not open to buy the qualities referred to, but, on the other hand, shall be glad if you can let us have at once;

50 Bags Santos, strict fair to fully fair, D 55. @ 34s/3d.

Counting on the prompt execution of our order, we remain,

Yours faithfully,

A. Dealer & Co.

4.

Blank & Co.,
Kaffeeimport.
Fernsprecher No. 868.

Leipzig, den 17. August 19..

Herrn Richard Martin, Grimma.

Über den uns am 15. d. M. brieflich *erteilten Auftrag beehren wir uns Ihnen untenstehende Faktur zu erteilen, deren Betrag Sie uns mit:*

ℳ 437,95 *gefl. gutschreiben wollen.*

Wir halten uns zu ferneren Aufträgen bestens empfohlen und zeichnen

hochachtungsvoll

Blank & Co.

Rechnung

für Herrn Richard Martin, Grimma

von

Blank & Co.

Ziel 3 Monate *oder per Kasse* mit $1^1/_4$% Skonto
innerhalb 14 Tagen vom Tage der Ausstellung ab.

Erfüllungsort Leipzig.

Reklamationen werden nur berücksichtigt, wenn sie innerhalb 8 Tagen, vom Empfang der Ware an gerechnet, erfolgen.

Wir sandten Ihnen auf Ihre Order, Rechnung und Gefahr ohne unsere Verantwortlichkeit für Gewichtsdifferenzen durch Bahn:

C P	2 Bll. ff. Salem Plantagen			
5 & 6	B° 160 Tª 2 Ntto. 158 à 1,10 per ½ kg.	ℳ	347	60
B & C	1 Bll. ff. Santos breitbohnig			
3228	B° 70 Tª ½ Ntto. 69½ à 65 per ½ kg. . . .	"	90	35
		ℳ	437	95

4.

Order 56/3

216, Mark Lane,
LONDON, *17th Augt* 19..

Messrs. Dealer & Co., Leeds.

BOUGHT OF **I. M. PORTER & CO.**

Colonial Produce Merchants.

D 55 Dumont B	*50 Bags Santos Good Average Coffee ex S./S. "Vesuvio",*				
	¢. qs. lbs.				
	weighing 57 · 2 · 24 ¢				
	Tare & Draft 1·1·10 56·1·14	*@ 34 3*	*£ 96*	*11*	*2*
	Discount 1%		*—*	*19*	*2*
			£ 95	*12*	*—*
	E. & O. E.				
	Forwarded for your acc. and risk per Lancashire and Yorks. Ry.				

5.

A. DEALER & CO.
Grocers.

126, York St.,
LEEDS, 28th August 19..

Messrs. I. M. Porter & Co., Liverpool.

Gentlemen,

We beg to enclose cheque £ 95-12/— amount of your invoice of 17th inst. less 1 % disct. Please acknowledge receipt.

Yours faithfully,

A. Dealer & Co.

Amt. of Invoice	£ 96·11·2
Disct. %	„ —·19·2
Cheque herewith	£ 95·12·-

5.

Richard Martin.
Kolonialwaren.

Grimma, den 28. August 19 . .

Herren Blank & Co., Leipzig.

Zum Ausgleich Ihrer Rechnung vom 17. d. M. übersende ich Ihnen beiliegend:

M 432,45,
zuzüglich „ 5,50 $1\,^1/_4\,{}^0/_0$ Skonto
M 437,95, wofür Sie mich unter gefl. Empfangsanzeige

erkennen wollen.

Hochachtungsvoll
Richard Martin.

6. (Postkarte.)

Herrn Richard Martin, Grimma.

Wir bekennen uns zum Empfange der uns mit Brief vom 28. August 19 . . gefälligst übersandten:

M 432,45, die wir nebst
„ 5,50 $1\,^1/_4\,{}^0/_0$ Skonto Ihrem werten Konto mit
M 437,95 dankend gutschrieben.

Leipzig,
den 29. August 19 . .

Hochachtungsvoll
Blank & Co.

6.

I. M. PORTER & CO.
Coffee Merchants.

LONDON, 29th August 19..

Messrs. A. Dealer & Co., Leeds.

Gentlemen,

We have to thank you for yours of 20th inst. enclosing ck. £ 95·12/- in payment of our invoice of 17th inst. Trusting to be favoured with your further orders, we are, Gentlemen,

Yours faithfully,

I. M. Porter & Co.

I. M. P. & Co.
298/1902.

(1d postage Stamp.)

Spielwaren.

7. Am 10. Dezember 19.. bestellt Emil Sanders, Hannover, durch Telegramm bei R. Frank & Söhne, Sonneberg in Thüringen, 10 Dutzend Puppen.

8. Am 10. Dezember 19.. bestätigt Emil Sanders, Hannover, dieses Telegramm brieflich.

9. Am 11. Dezember 19.. sichern R. Frank & Söhne, Sonneberg, pünktliche Ausführung der Bestellung zu.

10. Am 17. Dezember 19.. übersenden R. Frank & Söhne, Sonneberg, Fakturenbrief; die Puppen sind in 5 Postpaketen verschickt worden, der Rechnungsbetrag soll bei Vereinsbank, Hannover, eingezahlt werden.

11. Am 17. Dezember 19.. beauftragen R. Frank & Söhne, Sonneberg, die Vereinsbank, Hannover, den Rechnungsbetrag bei Reichsbankstelle Erfurt für sie einzuzahlen.

12. Am 28. Dezember 19.. benachrichtigt Emil Sanders, Hannover, die Lieferanten, daß er den Rechnungsbetrag bei Vereinsbank, Hannover, hinterlegt hat.

13. Am 28. Dezember 19.. quittiert Vereinsbank, Hannover, auf Formular den empfangenen Rechnungsbetrag.

7.

DEPESCHE.

Puppenfrank Sonneberg.

Sendet postwendend zehn Dutzend Puppen 712.

Sanders.

Toys.

Précis.

7. On the 10th of December 19.. Lowther Bros, London, order by wire from Chambers Lane & Co. Birmingham 10 Gross *Lead Soldiers* Nr. 110 @ 24s, per gross.

8. 10th December 19.. Confirmation by letter and order-form from Lowther Bros.

9. 10th December 19.. Chambers Lane & Co. acknowledge receipt of order.

10. 10th December 19.. Chambers Lane & Co. send Lowther Bros invoice of 1 parcel of goods forwarded the same day per train and request payment to their a/c with Provincial Bank.

11. 28th January 19.. Chambers & Co. advise Banker.

12. 30th January 19.. Lowther Bros advise Chambers Lane & Co. that they have paid in amount as requested.

13. 30th January 19.. Copy of Banker's receipt.

13a. 31st January 19.. Banker's Notification to their clients Chambers Lane & Co.

7.

A. Prefix ______ Code ______	Post Office Telegraphs. (Inland Telegrams.)		No. of Telegram ______
Office of Origin and Service Instructions.	Words.	Sent At ______ M.	For Postage Stamps. *The Stamps must be affixed by the Sender.*
	Charge.	To ______ By ______	*A Receipt for the Charges on this Telegram can be obtained, price Twopence.*

NOTICE.— This Telegram will be accepted for transmission subject to the Regulations made pursuant to the 2nd Section of the Telegraph Act, 1885, and to the Notice printed at the back hereof.

12 words, 6d. Every additional word, ½d. Every word telegraphed is charged for, whether in addresses or text.

TO { *Chamberlane, Birmingham.*

post	*ten*	*gross*	*soldiers*	*110*
to-day	*without*	*fail*		

FROM { *Lowther.*

The Name and Address of the Sender, IF NOT TO BE TELEGRAPHED, should be written in the Space provided at the Back of the Form·

8.

Hannover, den 10. Dezember 19..

Herren R. Frank & Söhne, Sonneberg.

Ich bestätige mein heutiges Telegramm:

„Sendet postwendend zehn Dutzend Puppen 712".

Die Ware muß spätestens am 18. d. M. hier eintreffen; andernfalls bitte ich die Zusendung zu unterlassen.

Achtungsvoll
Emil Sanders.

9.

Sonneberg, den 11. Dezember 19..

Herrn Emil Sanders, Hannover.

Ihren gefälligen Auftrag von 10. d. M. auf:

10 Dutzend Puppen 712

haben wir vorgemerkt und werden Ihnen die Sendung rechtzeitig zugehen lassen.

Stets gern zu Ihren Diensten

hochachtungsvoll
p. pa. R. Frank & Söhne
R. Welter.

8.

Lowther Bro^{s}.
Arcade Bazaar.

307, High Holborn,
LONDON W. C., 10th Decr 19 . .

Messrs. Chambers Lane & Co., Birmingham.

Gent^{n},

Confirming our Telegram of this morning, vizt:

"Post ten gross soldiers 110",

we now enclose order-note for goods mentioned, which must at the latest reach us to-morrow. In the contrary case please consider the order as cancelled.

Yours faithfully,

Lowther Bro^{s}.

9.

Chambers Lane & Co.
Manufacturers of Metal Mountings, Toys, Medals &c.

Warwick Works,
BIRMINGHAM, 10th Decr 19 . .

Messrs. Lowther Bro^{s}, London.

Gent^{n},

In conformity with your wire just received and running:

"Post ten gross soldiers 110, to day without fail"

we have already despatched the goods in question but per *passenger train**, as we are assured you will in this way receive them in due time.

Yours truly,

p. p. Chambers Lane & Co.

John Jones**.

Siehe Anhang 9a und 9b; Seite 218.

---

* Als Passagier-Gut.

** "per procuration": John Jones is a signing clerk; *i. e.* anthorised to sign for the firm.

10.

Telephon No. 2614.
Depeschenadresse: Puppenfrank.
Girokonto: Reichsbankstelle Erfurt.

Sonneberg, den 17. Dezember 19..

Rechnung

für Herrn Emil Sanders, Hannover.

von R. Frank & Söhne.

Reklamationen werden nur 8 Tage nach Empfang der Ware berücksichtigt.
Konditionen:** 4 **Monat; per Kasse mit** 3 % **Skonto, franko hier.

Kistenzeichen	*Gross*	*Dutzend*	*Stück*	*Wir senden Ihnen für Ihre Rechnung und Gefahr durch:* die Post 5 Pakete mit Adresse:		*Zahlbar in Erfurt.*	
		10		Puppen 712 ℳ	3	30	—
				. 10 % Skonto „		3	—
				ℳ		27	—
				Packung „		1	—
				Porto „		2	50
				zur gefl. Gutschrift ℳ		30	50

Den Betrag belieben Sie wie früher bei Vereinsbank Hannover für unsere Rechnung zu erlegen.

Wir bitten um baldige Erneuerung Ihrer geschätzten Aufträge und empfehlen uns

hochachtungsvoll

R. Frank & Söhne.

10.

TELEGRAPHIC ADRESS:
CHAMBERLANE.

Warwick Works,
BIRMINGHAM, 10th Decr 19 . .

Messrs. Lowther Bros, London.

BOUGHT OF **CHAMBERS LANE & CO.**

	10 Gross Lead Soldiers 110 24/—	*12*	*0*	*0*			
	Discount 20 %	*1*	*4*	*0*			
C	*(as per order 3153.)*				*£ 10*	*16*	*0*
	1 Box. per L. & N. W. Ry. Passenger train.						
	E. & O. E.						

Please pay amount for our a/c to the Provincial Bank. Ld London Wall. We are obliged for your orders and hope to see them repeated and at an early date.

Yours faithfully

C. L. & Co.

11.

(Letters 11 and 12 would be unnecessary in England.)

Chambers Lane & Co.
Manufacturers of Metal Mountings, Toys, Medals &c.

Warwick Works,
BIRMINGHAM, 28th January 19 . .

Dear Sir,

We beg to advise you that Messrs. Lowther Bros of your city will pay to you for credit of our accot at your Birmingham Branch a sum of £ 10·16/—

We are, dear Sir

Yours faithfully,

Chambers Lane & Co.

The Manager,

Provincial Bank, Ld,

London.

11.

Sonneberg, den 17. Dezember 19 . .

Vereinsbank, Hannover.

Herr Emil Sanders, dort, wird demnächst für unsere Rechnung bei Ihnen einen kleineren Betrag erlegen, den Sie gefl. mit der Reichsbankstelle Erfurt zu unseren Gunsten verrechnen wollen.

Hochachtungsvoll

R. Frank & Söhne.

12.

Hannover, den 28. Dezember 19 . .

Herren R. Frank & Söhne, Sonneberg.

Zum Ausgleich der mir am 17. Dezember a. c. gesandten Rechnung erlegte ich heute bei der hiesigen Vereinsbank:

	ℳ	29,60
die Sie zuzüglich 3 % Skonto	„	—,90
mit	ℳ	30,50

zur Entlastung meines Kontos verwenden wollen.

Achtungsvoll

Emil Sanders.

13.

Vereinsbank, Hannover.

No. 116^A^ *Für* ℳ 29,60

Hannover, 28. Dezember 19 . .

Wir beehren uns, Ihnen doppelt *nur für einfach gültig anzuzeigen, daß uns heute von*

Herrn Emil Sanders, hier,

im Auftrage und für Rechnung } Ihre eigene

Mark Neunundzwanzig 60/100

erlegt wurden, welche wir Ihnen unter besonderer Aufgabe gutbringen.

Hochachtungsvol

Herren R. Frank & Söhne, Sonneberg.

Vereinsbank.

Wilk. Klein.

12.

Lowther Bro^{s}.
Arcade Bazaar.

307, High Holborn,
LONDON W. C., 30th January 19 . .

Messrs. Chambers Lane & Co., Birmingham.

Gent^{n},

In payment of your invoice of 10th inst and in conformity with your instructions under that date we have this day paid to the Provincial Bank here, for your credit ad their Birmingham branch, the sum of £ 10·16/— for which we enclose their receipt. Awaiting your acknowledgment.

We are,

Yours truly,

Lowther Bro^{s}.

13.

N° *763.*

PROVINCIAL BANK, Limited.
London Wall.

LONDON, *30th January* 19 . .

Received of *Messrs. Lowther Bro^{s}* the sum of *Ten* Pounds *sixteen* Shillings and pence *for account Messrs. Chambers Lane & Co. at our Birmingham Branch (as per Duplicate of same tenor and date).*

£ 10 : 16/—

P. B. L.
30/1 19 . .
ONE PENNY

Provincial Bank, Limited.
per C. Ash,
Manager.

Siehe Anhang 13a und 13b; Seite 219.

Strickwaren.

14. Am 1. August 19.. bestätigt Alfred Krause, Riesa a/Elbe, der Chemnitzer Tricotagenfabrik, A.-G., Chemnitz i. S., den soeben telephonisch erteilten Auftrag auf eine Lieferung per September.

15. Am 2. August 19.. bestätigt die Chemnitzer Tricotagenfabrik, A.-G., Chemnitz i. S., diesen Auftrag.

16. Am 25. September 19.. meldet die Chemnitzer Tricotagenfabrik, A.-G., Chemnitz i. S., die Ausführung des Auftrags.

17. Am 25. September 19.. überreicht die Chemnitzer Tricotagenfabrik, A.-G., Chemnitz i. S., Alfred Krause, Riesa a/E., Faktur.

18. Am 26. September 19.. bitten Spediteure J. Schneider & Co., Chemnitz i. S., durch Postkarte, Alfred Krause, Riesa a/E., über die Ware zu verfügen.

19. Am 27. September 19.. ordnet Alfred Krause, Riesa a/E., an, ihm die Strickwaren zuzusenden.

20. Am 30. September 19.. meldet Alfred Krause, Riesa a/E., der Chemnitzer Tricotagenfabrik, A.-G., daß er den Fakturenbetrag bei der Reichsbank angewiesen habe.

21. Am 2. Oktober 19.. quittiert die Chemnitzer Tricotagenfabrik, A.-G., Chemnitz i. S., über den Empfang des Geldes.

14.

Alfred Krause.
Telephon No. 13.

Riesa a/E., den 1. August 19..

Chemnitzer Tricotagenfabrik, A.-G., Chemnitz.

Unter Bezugnahme auf die soeben gehabte telephonische Besprechung wiederhole ich hiermit den Ihnen erteilten Auftrag auf:

100 Dtzd. Strümpfe No. 246 à ℳ 3.—
150 „ „ „ 316 à „ 3.50

lieferbar per Ende September, gegen 30 Tage Ziel bei 2% Skonto; Verpackung franko.

Die Sendung belieben Sie wie bisher zur Verfügung der Herren J. Schneider & Co., dort, zu halten, denen ich Versandauftrag erteilen werde.

Sorgfältigster Ausführung meines Auftrags, dessen umgehende Bestätigung ich mir erbitte, gewärtig, zeichne ich

hochachtungsvoll

Alfred Krause.

Hosiery.

Précis.

14. 1st August 19 . . John Crossley orders assorted Hosiery from Highlands & Co. to be sent to Midland Railway, Leicester.
15. 2nd August 19 . . Highlands acknowledge receipt.
16. 25th August 19 . . Receiving Note of goods from Leicester to Liverpool.
17. 25th August 19 . . Invoice of Goods forwarded by Highlands & Co.
18. 25th August 19 . . Crossley instructs Fields as to disposal of Goods.
19. 26th August 19 . . Consignment Note Highlands to Midland Railway.
20. 10th October 19 . . Crossley remits amount of Invoice to Highlands & Co.
21. 11th October 19 . . Highlands & Co. acknowledge receipt of remittance.

14.

127, Cable Street,
LIVERPOOL, *1st August* 190 .

Messrs. Highlands & Sons, Leicester.

Gentn,

Referring to my conversation with you to-day, I now enclose order for Hosiery as specified. The goods must be delivered to Messrs. Field & Co. here by the end of the month to be held at my disposal.

I recommend the most careful execution of my order as the goods are destined for the colonies. Please confirm receipt.

Terms and packing as usual

Yours faithfully,

John Crossley.

15.

Chemnitzer Tricotagenfabrik, A.-G.,
Chemnitz.
Girokonto bei der Reichsbank.
Girokonto bei der Sächs. Bank.
Telegrammadresse: Tricotnolte.
Telephonanschluß No. 416.

Chemnitz, den 2. August 19..

Herrn Alfred Krause, Riesa a/E.

Hierdurch bestätigen wir Ihnen dankend den uns gestern erteilten Auftrag auf:

100 Dutzend Strümpfe No. 246 à ℳ 3.—
150 „ „ „ 316 à „ 3.50

per Ende September, gegen Kasse mit 2 % Skonto.

Wir werden die Bestellung sorgfältig ausführen und halten uns für ferneren Bedarf bestens empfohlen.

Hochachtungsvoll
Chemnitzer Tricotagenfabrik, A.-G.
Richard Nolte.

16.

Mitteilung

von

Chemnitzer Tricotagenfabrik, A.-G., Chemnitz.

(*Kopierfähig.*) Chemnitz, den 25. September 19..

An die Firma J. Schneider & Co., Chemnitz.

Sie wollen abholen und wie nachstehend expedieren:

Marke	*No.*	*Zahl*	*Kolli*	*Inhalt*	*Gewicht Kilo*		*Empfänger*	*Bemerkungen wegen Art der Beförderung Assekuranz etc.*
					Brutto	*Netto*		
A. N.	5100	1	Kiste	Strickwaren	300.—	270.—	A. Krause Riesa a/E.	p. Frachtgut ohne Assekuranz.

Diese Kiste bitten wir zur Verfügung des Herrn Alfred Krause, Riesa a. E., zu halten.

Hochachtungsvoll
Chemnitzer Tricotagenfabrik, A.-G.
Richard Nolte.

15.

HIGHLANDS & SONS.
Hosiery Manufacturers.
LEICESTER.
Telephone 897.
Telegrams „Highlands".

LEICESTER, 2nd August 19..

Mr. John Crossley, Cable Street, Liverpool.

Dear Sir,

We are in receipt of your telephone message* and contract N° 735** for Assorted Hosiery, dated 1/8/19.., and hereby confirm same. We shall execute your order with the greatest care & trust to be favoured with further commissions.

Yours truly,

Highlands & Sons.

---

* Siehe Anhang 14a; Seite 220. ** Siehe Anhang 14b; Seite 220.

16.

Piccadilly,
LEICESTER, *25th August* 19..

Messrs. Fields & Co., Goree, Liverpool.

Please Receive from *HIGHLANDS & SONS (per Midland Railway)*
2 Cases Hosiery Marked ◇c *1/2*
for Account Mr. John Crossley of your city and at his disposal.

Yours truly,

Highlands & Sons.

17.

Chemnitzer Tricotagenfabrik, A.-G., Chemnitz.

Chemnitz, den 25. September 19..

Rechnung

für Herrn Alfred Krause, Riesa a/E.
von Chemnitzer Tricotagenfabrik, A.-G.

Gerichtsstand Chemnitz.	**Wir sandten Ihnen für Ihre werte Rechnung und Gefahr durch J. Schneider & Co., hier:**	*M*	*Pf*	*M*	*Pf*
Str.-Fol. 17. Komm.-No. 196.	**100 Dtzd. Strümpfe No. 246 à**	3	—	300	—
	150 „ do. „ 316 „	3	50	525	—
	Ziel 30 Tage. 2% Skonto.			825	—

Den uns am 1. August d. J. gütigst erteilten Auftrag haben wir bestens ausgeführt und die Ware aufgabegemäß zur Verfügung der Speditionsfirma J. Schneider & Co. hier gestellt.

Wir bitten, uns den obenstehenden Rechnungsbetrag von

M. 825.—

gefl. gutbringen zu wollen und uns auch fernerhin mit Ihren geschätzten Aufträgen zu beehren.

Hochachtungsvoll

Chemnitzer Tricotagenfabrik A.-G.
Richard Nolte.

Alle unsere Waren reisen ab Abgangsstation auf Gefahr des Empfängers. Reklamationen haben innerhalb 8 Tagen zu erfolgen, andernfalls lehnen wir jede Verbindlichkeit ab.

18. (Postkarte.)

J. Schneider & Co., Chemnitz.

ersuchen um Verfügung über:

1 Kiste Strickwaren
von Sendung der Chemnitzer Tricotagenfabrik, A.-G.

Chemnitz i. S., 26./9. 19.. *Hochachtungsvoll*

J. Schneider & Co.

17.

Telegraphic Address:
"HIGHLANDS", LEICESTER.
Telephone 897.

LEICESTER, *25th Augt* 19..

HIGHLANDS & SONS.

INVOICE of *2* Packages Merchandise sent per *Midland R.* to *Liverpool* consigned to *Messrs. Fields & Co.* there, by order and for account and risk of

Mr. John Crossley, Liverpool.

1/2	doz	ea	*Childrens Black Cashmere Sox*	6 × · 1 · 2 · 3 · 4 · 5 · 6 3/— 3/— 3/3 3/6 3/9 4/—			10	3
1/2	doz	ea	*Childrens Black Cashmere 3/4 Hose*	24 · 3 · 4 · 5 · 6 4/11 5/2 5/5 5/8			10	7
5	doz	ea	*Girls White Cotton Ribs*	35 · 2 · 3 · 4 · 5 · 6 3/11 4/1 4/3 4/5 4/7		5	6	3
8 1/2	doz	ea	*Girls Black Cashmere Ribbed Hose*	D 53 · 1 · 2 · 3 · 4 · 5 · 6 6/— 6/6 7/6 8/6 9/6 10/6		20	12	3
10	doz		*Slender Womens Black Cashmere Ribbed Hose*	490	9/8	4	16	8
15	doz		*Womens Black Cashmere Ribbed Hose*	490	9/8	7	5	0
20	doz		*Womens Black Cashmere Hose*	Plain 1/15	7/4	7	6	8
1/2	doz		*Mens Colored Cashmere Half Hose*	86 B 10 1/2"	6/7	7	8	3
2	doz		*Mens Shetland Wool Half Hose*	B 14	4/11		9	10
6	doz		*Mens Natural Wool Shirts (Singlets)*	A 33	25/6	7	13	0
10	doz		*Mens Fancy Knitted Rib Half Hose*	× 52	7/—	3	10	0
12	doz		*Mens Shetland Merino Trousers (Drawers)*	825	18/6	10	16	0
					£	68	19	9
			Cases & Packing				10	
					£	69	9	9

Terms 3% for Cash in 1 month,
or 2 1/2 for Cash in 2 months.

2 Cases ◇o 1/2 forwarded per Midland Ry to Messrs. Fields & Co. Liverpool.

E. & O. E.

18.

JOHN CROSSLEY.
General Export Merchant.
LIVERPOOL.
Telegrams "Cross".
Telephone 1609.

Cable St.
LIVERPOOL, 26th August 19..

Messrs. Fields & Co., Shipping Forwarding Agents, Liverpool.

Dear Sirs,

You will receive from Messrs. Highlands & Sons Leicester at my disposal

2 Cases Hosiery marked ◇o 1/2

which I wish shipped per first steamer to Canada with other goods not yet delivered to you. Bills of Lading to my order.

Yours faithfully,
John Crossley.

19. (Postkarte.)

Alfred Krause.
Telephon No. 13.

Riesa a/E., den 27. September 19..

Speditionsfirma J. Schneider & Co., Chemnitz.

Die Ihnen von der Chemnitzer Tricotagenfabrik, A.-G., für mich übergebene Kiste wollen Sie als Frachtgut an meine Adresse hier abfertigen.

Achtungsvoll

Alfred Krause.

20.

Alfred Krause.
Telephon No. 13.

Riesa a/E., den 30. September 19..

Chemnitzer Tricotagenfabrik, A.-G., Chemnitz.

Durch Reichsbankgirokonto überwies ich Ihnen heute:

	ℳ 808.50,	die Sie zuzüglich
2 % Skonto	„ 16.50	
	ℳ 825.—	

zum Ausgleich Ihrer Rechnung vom 25. d. M. verwenden wollen.
Ich bitte, mir den Empfang zu bestätigen.

Hochachtungsvoll

Alfred Krause.

19.

CONSIGNMENT NOTE. MIDLAND RAILWAY. G. B. 160.

B 23—10,000 B., 100 L.

Leicester Station *25th August* 19..

The Midland Railway Company are requested to receive and forward, as per address and particulars on this note, the undermentioned Goods, on the conditions stated on the other side.

Signature of Sender or his Representative ***Highlands & Sons.*** Address, ***Piccadilly.***

Owner and Wagon No.	Consignee Name	Consignee Address	To what Station and Railway to be sent	No. of Articles	Description of Goods and Marks	Weight Tons	Weight Cwt.	Weight Qsr.	Weight lbs.	Charges Paid on s.	Charges Paid on d.	Who pays the Carriage
895	*Fields & Co.*	*Goree*	*Liverpool (Wapping)*	*2*	*Cases* ⟨c⟩ *1 2 (Hosiery)*		*5*	*3*	*7*			*Consignee*

20.

JOHN CROSSLEY.
General Export Merchant.
LIVERPOOL.
Telegrams "Cross".
Telephone 1609.

Cable St.,
LIVERPOOL, 10th October 19..

Messrs. Highlands & Sons, Leicester.

Dear Sirs,

I have pleasure in handing you cheque value £ 67-15/- in payment of your invoice of 24th Augt as per note a foot. Please acknowledge receipt in course. *1*

Yours faithfully,

John Crossley.

Amount of Invoice		£ 69· 9·9
Shorts as per credit note	£ —	
Returned	„ —	
Discount a 2½	„ —	1·14·9
Cheque herewith		£ 67·15·0

21.

Chemnitzer Tricotagenfabrik, A.-G.,
Chemnitz.
Girokonto bei der Reichsbank.
Girokonto bei der Sächs. Bank.
Telegrammadresse: Tricotnolte.
Telephonanschluß No. 416.

Chemnitz, den 2. Oktober 19 . .

Herrn Alfred Krause, Riesa a/E.

Wir empfingen Ihr Geehrtes vom 30. September a. c. und haben den uns durch Reichsbank überwiesenen Betrag von:

	ℳ	808.50
zuzüglich 2 % Diskonto	„	16.50
	ℳ	825.—

zum Ausgleich unserer Faktur vom 25. September d. J. verwendet.

Ihren weiteren Aufträgen gern entgegensehend, zeichnen wir

hochachtungsvoll

Chemnitzer Tricotagenfabrik, A.-G.
Richard Nolte.

20a.

CHEQUE WITH RECEIPT ATTACHED.

Block.

Nº *7889.* LIVERPOOL, *10th Oct. 19 . .*

THE CITY BANKING COMPANY LIMITED,

Pay *Messrs. Highlands & Sons* order
Sixty-seven pounds 15/— stg.

£ 67 · 15/— *John Crossley.*

RECEIVED FROM JOHN CROSSLEY.

the sum of *sixty-seven* Pounds *fifteen* Shillings
and Pence for *amount of Invoice 25th August 19 . .*

Signature, *Highlands & Sons*
Date *11th October 19 . .*

N. B. NO OTHER ACKNOWLEDGMENT REQUIRED.

21.

HIGHLANDS & SONS,
Leicester.

LEICESTER, *12th Oct. 19 . .*

Mr. John Crossley, Liverpool.

Dear Sir,

We have received your favour of 10th instant containing cheque for £ 67 · 15/— in settlement of our invoice of 25th Augt. We have to thank you for the remittance and hope for an early renewal of your esteemed orders.

Yours faithfully,

Highlands & Sons.

Papier.

22. Am 3. November 19.. fragt **Max Arnold, Dresden**, bei A. Berger & Co., Chemnitz, an, zu welchem Preis und bis wann sie einen Posten Briefpapier nach Probe liefern können.

23. Am 4. November 19.. erklären sich A. Berger & Co., Chemnitz, bereit, die Lieferung in ca. 4 Wochen zu bewerkstelligen, und überreichen verschiedene Muster unter Angabe der Lieferungsbedingungen.

24. Am 10. November 19.. fragen A. Berger & Co., Chemnitz, die auf ihre Offerte vom 4./11. keine Antwort erhalten haben, an, ob ihnen die Lieferung übertragen wird.

25. Am 11. November 19.. erwidert Max Arnold, Dresden, daß ihm der geforderte Preis zu hoch ist.

26. Am 12. November 19.. erklären sich A. Berger & Co.. Chemnitz, zu einer Preisherabminderung bereit, um den Auftrag zu erhalten.

27. Am 13. November 19.. macht M. Arnold, Dresden, telegraphisch Gegenofferte, er verlangt Drahtantwort. Nach Eingang der letzteren erteilt M. Arnold am gleichen Tage seinen Auftrag und gibt Vorschriften über Ablieferung und Zusendung.

28. Am 13. November 19.. übersenden Berger & Co., Chemnitz, Kommissionskopie und verlangen Vergütung des durch die Eilgutsendung entstehenden Mehrbetrags an Fracht.

29. Am 23. November 19.. zeigen A. Berger & Co., Chemnitz, den Versand der Eilgutsendung an.

30. Am 14. Dezember 19.. überreichen Berger & Co., Chemnitz, Faktur und Brief mit der Bitte um Gutschrift.

31. Am 10. Januar 19.. überweist M. Arnold, Dresden, den Fakturenbetrag abzüglich 2% Skonto durch Reichsbankgiro.

32. Am 13. Januar 19.. bekennen sich Berger & Co., Chemnitz, zum Empfange des Geldes.

22.

Max Arnold, Dresden.
Telephon No. 346.

Dresden, den 3. November 19..

Herren Albert Berger & Co., Chemnitz i. S.

Unter Bezugnahme auf die mir kürzlich übersandte Preisliste frage ich hiermit an, zu welchem äußersten Preise Sie mir ein Postpapier liefern würden, welches dem anliegenden Muster in Satinage, Färbung und Gewicht möglichst nahe kommt, und welche Lieferzeit Sie hierfür beanspruchen.

Format 46 × 59, Gewicht ca. 18 kg per ‰ Bg., mit Wasserzeichen, bei Abnahme von ca. 1200 kg.

Muster

Hochachtungsvoll

Max Arnold.

Paper.

Précis.

22. 26th September 19 .. Hawley & Sons, Bristol ask Brooks & Cliff, London; for quotations for a specially manufactured line of paper.

23. 27th September 19 .. Brooks & Cliff quote for the paper required, but enclose samples of similar goods which they recommend as equally suitable and considerably cheaper.

24. 6th October 19 .. Brooks & Cliff ask Hawley if they have come to a decision.

25. 7th October 19 .. Hawley & Sons reply that the prices are much too high for them.

26. 8th October 19 .. Brooks & Cliff reply that they are willing to make a reduction in order to retain Hawley's & Sons custom.

27. 8th October 19 .. Hawley & Sons give instructions to manufacture the special goods.

28. 9th October 19 .. Brooks & Cliff accept order und send contract-note.

29. 23rd October 19 .. Brooks & Cliff advise despatch of first part of order.

30. 1st November 19 .. Brooks & Cliff enclose invoice of goods.

31. 4th December 19 . Hawly & Sons remit amount of account.

32. 5th December 19 .. Brooks & Cliff acknowledge receipt of amount.

22.

HAWLEY & SONS.
Stationers and Lithographers.
BRISTOL.

BRISTOL, 26th September 19 . .

Messrs. Brooks & Cliff, 111A Thames Street, London.

Gentlemen,

Referring to price-list and sample-books of your papers, lately forwarded us, we now write to inquire your present lowest prices for your standard grades of Ledger, French Folio, and Fine laid Writings. We should especially like to know if you could make us a special quotation for a large quantity of buff Linen Ledger corresponding exactly in weight, shade and finish to enclosed sample. Size 15 × 19, 20 lbs per ream of 480 sheets, with special water-mark, and how long you would require for delivery.

We are, Gentlemen,

Yours truly,

Hawley & Sons.

23.

A. Berger & Co.
Telegr.-Adr. Bergerold.
Fernsprechanschluß No. 146.

Chemnitz i. S., den 4. November 19..

Herrn Max Arnold, Dresden.

Für die uns mit Ihrem geehrten Gestrigen übermittelte Anfrage verbindlichst dankend, übersenden wir Ihnen beigeschlossen einige Muster, die der uns übersandten Papierprobe entsprechen.

Bei Entnahme von mindestens 60 000 Bogen berechnen wir Ihnen, frei Haus, Ziel 3 Monate, bar 2 % Skonto:

No. 6313 f.	weiß	Velin	Post,	46 × 59 ‰	Bg.	16	kg	ℳ 22.—
„ 6317 ff.	„	„	„	do.	„	17/18	„	„ 23.50
„ 6320 spf.	„	„	„	do.	„	15	„	„ 25.—

Lieferzeit ca. 4 Wochen.

Es würde uns freuen, Ihren geschätzten Auftrag zu erhalten, und zeichnen wir in dessen Erwartung

hochachtungsvoll

A. Berger & Co.

3 Muster

24.

A. Berger & Co.
Telegr.-Adr. Bergerold.
Fernsprechanschluß No. 146.

Chemnitz i. S., den 10. November 19..

Herrn Max Arnold, Dresden.

Wir beziehen uns auf unser Ergebenes vom 4. d. M. und bitten Sie uns gefl. mitzuteilen, ob Sie geneigt sind, von unserem Angebot Gebrauch zu machen.

In den nächsten Tagen gehen wir an die Anfertigung neuer Marken und müssen infolge zahlreich einlaufender Bestellungen genau disponieren, um die Lieferfristen einzuhalten.

Gefl. umgehender Erledigung unserer Anfrage gern gewärtig, zeichnen wir

hochachtungsvoll

A. Berger & Co.

23.

BROOKS & CLIFF
LONDON PAPER WAREHOUSE

Telegraphic Address "Cliff, London".
Telephone No 6444 Bank.

111A Thames Street,
LONDON, 27th September 19..
E. C.

SPECIALITIES.

HIGH GRADE NOVELTIES IN ART COVER PAPERS.

MOUNTING PAPERS.

WHITE & COLOURED BRISTOLS.

NOVELTIES IN BLOTTINGS.

BOOK PAPERS.

ART & OTHER PRINTINGS.

WRITINGS.

FANCY WRAPPINGS &c. &c.

Sole Agents for ATLANTIC PAPER MILLS ORANGE, N.J.

Messrs. Hawley & Sons, Bristol.

Dear Sirs,

Replying to your favour of yesterday we send you enclosed several samples of papers closely resembling what you want. We have these types in stock and would let you have them to clear at the reduced price of

Linen Ledger,	Blue-wove	(17×22 abt 23 lbs. p. Rm.)	1/2d p. lb.
do.	Yellow	(17×22 „ 21 „ „ „	1/1 „ „
do.	Cream-laid	(17×22 „ 22 „ „ „	1/3 „ „

These papers are superior in strength, sizing, and finish to the sample you forwarded, and are much better value than we could give you in specially manufactured paper. We should require at least a month to deliver the latter, whereas the lines herewith sampled are already in stock and could be delivered at once.

We could not undertake to manufacture less than 5 tons and the price would run to 1/6 per lb., besides which you would have to pay £ 11/12 for special watermark.

Kindly let us know your decision as soon as possible and if you decide to order a special line we shall make every effort to meet your wishes.

Yours faithfully,

(Latest Price List enclosed.) Brooks & Cliff.

24.

BROOKS & CLIFF.
LONDON.

LONDON, 6th October 19..

Messrs. Hawley & Sons, Bristol.

Gentn,

Referring to our letter of 27th inst., we venture to request your decision by return of post, as we are about to put several large orders in hand which would occupy all our available plant, and if we do not make the necessary arrangements now, we should be unable to execute your order till a much later date.

Yours truly,

Brooks & Cliff.

25.

Max Arnold, Dresden.
Telephon No. 346.

Dresden, den 11. November 19 . .

Herren A. Berger & Co., Chemnitz i. S.

Im Besitz Ihrer gefl. Offerte vom 4. d. M. und in Erledigung Ihrer gestrigen Anfrage teile ich Ihnen ergebenst mit, daß mir die Qualität des unter No. 6317 bemusterten Papiers passen würde, wenn mir der Preis nicht zu hoch wäre.

Bisher habe ich bei Entnahme so bedeutender Posten nie mehr als ca. 20 ℳ per $^0/_{00}$ Bg., frei Haus, bei 6 Monat Ziel bezahlt; ich kann meiner Kundschaft eine Preissteigerung von ca. 17 $^0/_0$ nicht zumuten.

Hochachtungsvoll
Max Arnold.

26.

A. Berger & Co.
Telegr.-Adr. Bergerold.
Fernsprechanschluß No. 146.

Chemnitz i. S., den 12. November 19 . .

Herrn Max Arnold, Dresden.

Soeben erhalten wir Ihr geehrtes Gestriges und erlauben uns ganz ergebenst darauf hinzuweisen, daß es unter den jetzigen Umständen ganz unmöglich ist, die früheren Notierungen einzuhalten oder zum Vergleich heranzuziehen.

Es wird Ihrer Aufmerksamkeit nicht entgangen sein, daß sowohl die zur Papiererzeugung erforderlichen Rohstoffe als auch die zur Herstellung nötigen Kohlen und die den Arbeitern gewährten Löhne eine gewaltige Erhöhung, bis zu 35 $^0/_0$, erfahren haben.

Angesichts dieser Preissteigerung haben sich sämtliche Papierfabriken von Bedeutung dahin geeinigt, für ihre Erzeugnisse einen Preisaufschlag von mindestens 15 $^0/_0$ eintreten zu lassen, um die Mehrausgaben für Material und Arbeitslöhne einigermaßen zu decken.

Es ist sehr zweifelhaft, ob die Preissteigerung damit zum Stillstand gekommen ist; jedenfalls haben wir bei unserer Offerte den oben angeführten Tatsachen nur sehr bescheiden Rechnung getragen.

Da wir jedoch großen Wert darauf legen, mit Ihrem geschätzten Hause in Verbindung zu treten, so ermäßigen wir hiermit unsere Offerte:

No. 6317 ff. Post von M. 23,50 auf M. 22,50 per 1000 Bg.;

die übrigen Lieferungsbedingungen bleiben unverändert.

Wir hoffen, uns durch dieses Entgegenkommen Ihren Auftrag gesichert zu haben, auf dessen gewissenhafte und schnelle Ausführung Sie rechnen dürfen.

Hochachtungsvoll
A. Berger & Co.

25.

HAWLEY & SONS.
BRISTOL.

BRISTOL, 7th October 19 . .

Messrs. Brooks & Cliff, London.

Dear Sirs,

Referring to your favours of 27th ult. & 6th inst. I regret that the alternative offer you were good enough to make would not suit my purposes. The quality would do but the price quoted for a special lot is far beyond what I have hitherto paid, and would compel me, myself, to charge for my work a price which would prevent me having any hope of obtaining large contracts I am tendering for. I cannot hope my customers would stand an increase of 20% on my present rates.

Yours truly,

Hawley & Sons.

26.

BROOKS & CLIFF.
LONDON.

LONDON, 8th October 19 . .

Messrs. Hawley & Sons, Bristol.

Dear Sirs,

Yours of yesterday to hand. In the face of the enhanced rates ruling for material, wages, coal, and in almost every requirement of the paper trade it is impossible to accept former prices, and in raising our quotations we have only followed the lead of every paper-mill in the country. As you are one of our oldest customers we are willing to make a sacrifice in order to enable you to compete on a favourable footing for the contracts you refer to. We shall therefore let you have the special line of paper as per sample enclosed in yours of 26th ult. at the reduced rate of

1/4 per lb. for not less than 5 tons.

Kindly let us have your reply by wire immediately on receipt of the present. A further rise in prices may be looked for soon.

Yours faithfully,

Brooks & Cliff.

27.

Max Arnold, Dresden.
Telephon No. 846.

Dresden, den 13. November 19 . .

Herren A. Berger & Co., Chemnitz i. S.

In Beantwortung Ihres geehrten Heutigen telegraphierte ich Ihnen:

„Offerte erhalten, Gegenofferte Zwanzig Zwei, Drahtantwort."

Soeben erhalte ich Ihre Depesche:

„Akzeptieren Gegenofferte."

Indem ich Ihnen für Ihr Entgegenkommen verbindlichst danke, bitte ich nunmehr, für mich in Nota zu nehmen:

ca. 1200 kg # 6317 Velin Post, 46 × 59 cm, ‰ Bogen = 18 kg
à ℳ 22,— per 1000 Bogen,

frei Haus, 3 Monate Ziel oder 2 % Skonto.

Aus Ihrem Schreiben vom 10. d. M. entnehme ich, daß Sie mit der Herstellung sofort beginnen können.

Ich bitte, mir ca. 20000 Bogen sofort nach Fertigstellung per Eilgut, den Rest per Frachtgut zugehen zu lassen.

Gefl. Auftragsbestätigung gern entgegensehend,

hochachtungsvoll
Max Arnold.

28.

Auftragsbestätigung

von A. Berger & Co., Chemnitz i. S., an Herrn Max Arnold, Dresden.

Chemnitz i. S., den 13. November 19 . .

Lager No.	*Menge*	*Benennung*	*Format in cm*	*Gewicht in kg f. 1000 Bg.*	*Preis f. 1000 Bg.*	*Wasserzeichen*	*Lieferzeit und Bedingungen*
6317	ca. 1200 kg	ff. weiß Velin Post	46 × 59 flachliegend	17—18 kg per 1000 Bg.	ℳ 22	M A	sofort nach Fertigstellung, frei Haus

Für vorstehenden Auftrag verbindlichst dankend, bemerkten wir uns, daß Sie die ersten 20000 Bogen als Eilgutsendung zu erhalten wünschen.

Wir werden unsern Spediteur, Herrn F. Lehmann, dort, veranlassen, Ihnen die Frachtdifferenz in Rechnung zu stellen, vorausgesetzt, daß Sie diesem Vorschlag zustimmen.

Hochachtungsvoll
A. Berger & Co.

27.

HAWLEY & SONS,
BRISTOL.

BRISTOL, 8th October 19 . .

Messrs. Brooks & Cliff, London.

Dear Sirs,

I beg to confirm my telegram of to-day accepting offer contained in yours of yesterday. I hope the order will be put in hand at once, as should I be fortunate enough to get the contract, I should have to begin furnishing the goods at the New Year. Please confirm acceptance and forward the first instalment as soon as possible*.

Yours faithfully,

Hawley & Sons.

---

* For "Eilgut" and "Frachtgut" see page 179.

28.

CONTRACT NOTE FOR Messrs. *Hawley & Sons.*

We have this day sold to you PAPERS as noted at foot.

DELIVERY within *three weeks* From date.

SPECIFICATION.

5 tons pure linen Blue-wove ledger,

Size 55×19, 20 lbs per ream, 480 sheets to ream.

Water-marked "HAWLEY & SONS". Price 1/4 per lb.

Oct. 9th 19 . . Brooks & Cliff.

P. S. We hope to commence delivery in three weeks or so., and trust the goods will turn out to your entire satisfaction.

Brooks & Cliff.

29.

MITTEILUNG

von	*an*
A. Berger & Co., Chemnitz i. S.	*Herrn* Max Arnold, Dresden.

Durch Herrn F. Lehmann, dort, ließen wir soeben als Eilgut:

M. A. 1220/1221 2 Kisten Postpapier

an Sie abgehen.

Faktura folgt nach Erledigung des ganzen Auftrags. Inzwischen empfehlen wir uns

Chemnitz i. S.,
den 23. November 19..

hochachtungsvoll
A. Berger & Co.

30.

A. Berger & Co.
Telegr.-Adr. Bergerold.
Fernsprechanschluß No. 146.

Chemnitz i. S., den 14. Dezember 19..

Herrn Max Arnold, Dresden.

Wir beehren uns, Ihnen umstehend Rechnung über unsere Sendungen vom 23. XI. und vom 14. XII. zu überreichen.

Den Betrag derselben:

M 1343,40,

bitten wir uns gefl. gutzuschreiben und sehen Ihren weiteren Aufträgen gern entgegen.

Hochachtungsvoll

A. Berger & Co.

29.

MEMORANDUM.

From	To
BROOKS & CLIFF PAPER-MANUFACTURERS LONDON.	*Messrs. Hawley & Sons,* *Bristol.*

Works at Romford (Essex.) LOMDON, 23rd October 19 . .

We have received your telegram and, as requested, have sent you to-day per passenger train 250 REAMS of your contract. We shall forward the rest as soon as possible . . It would be however much cheaper to send these goods by direct Steamer and if not pressed for time, we should recommend this route for future deliveries. Invoice on completion of order.

Brooks & Cliff.

30.

MEMORANDUM.

From	To
BROOKS & CLIFF PAPER-MANUFACTURERS LONDON.	*Messrs. Hawley & Sons* *Bristol.*

Works at Romford (Essex.) LONDON, 14th January 19 . .

As your order is now completed, we venture to enclose invoice which we hope you will find correct. Trusting to be favoured with your further orders we are,

Yours truly,

Brooks & Cliff.

Chemnitz i. S., den 14. Dezember 19 . .

Rechnung

für Herrn Max Arnold, Dresden,

von A. Berger & Co., Chemnitz i. S.

Zahlbar: Ziel 3 Monate oder mit 2 % Skonto gegen bar.

Bogen	*No.*		
60000	6317	Sandten per Eilgut 2 Kisten M. A. 1220/1221	
	„	„ „ Frachtgut 4 „ G. K. 377—380	
		ff. weiß Velin Post, 46×59 cm, 18 kg per 1000 Bg.	
		à ℳ 22,—	1320 00
		Verpackung	23 40
		ℳ	1343 40

31.

Max Arnold, Dresden.
Telephon No. 346.

Dresden, den 10. Januar 19 . .

Herren A. Berger & Co., Chemnitz i. S.

Durch die Reichsbank überweise ich Ihnen heute:

ℳ 1316.50, welche Sie
zuzüglich „ 26.90 2 % Skonto von ℳ 1343.40
zur Begleichung Ihrer Rechnung vom 14. v. M. verwenden wollen.

Hochachtungsvoll

Max Arnold.

Telegraphic Address "Cliff, London".
Telephone 6444.

111 A Thames Street,
LONDON, *1st November* 19 . .

WORKS AT ROMFORD (Essex).

Messrs. Hawley & Sons, Bristol

BOUGHT OF BROOKS & CLIFF, PAPER MANUFACTURERS.

SPECIALITIES

BOOK-PAPERS.
WHITE & COLOURED BRISTOLS.
WRITINGS.
ART & OTHER PRINTINGS.
MOUNTINGS.
BLOTTINGS.
HIGH-GRADE NOVELTIES OF EVERY KIND.

t c q				
5·2·3	*Fine Linen Blue Wove Ledger 11,50 8 lbs. @ 1/4 (575 Rms.)*	*767*	*4*	—
	Special Dandy	*12*	—	—
	£	*779*	*4*	—
	Discount 5%.	*39*	—	—
	£	*740*	*4*	—

E. & O. E.

Terms Cash in 1 M.

31.

HAWLEY & SONS,
BRISTOL.

BRISTOL, 4th December 19 . .

Messrs. Brooks & Cliff, London.

Gentlemen,

We have received your Statement of Account up till the 30th ult. and now enclose cheque value £ 740·4/— in payment of same. Please acknowledge receipt in course.

Yours truly,

Hawley & Sons.

32.

A. Berger & Co.
Telegr.-Adr. Bergerold.
Fernsprechanschluß No. 146.

Chemnitz i. S., den 13. Januar 19 . .

Herrn Max Arnold, Dresden.

Sie überwiesen uns durch Reichsbank:

	ℳ 1316.50,	die wir unter
Zuschlag von	„ 26.90	2 % Skonto
	ℳ 1343.40	dankend zum Ausgleich unserer

Rechnung vom 14. v. M. verwendeten.

Ihnen unsere weiteren Dienste bestens gewidmet haltend, zeichnen wir

hochachtungsvoll

A. Berger & Co.

32.

BROOKS & CLIFF.
LONDON.

LONDON, 5th December 19 . .

Messrs. Hawley & Sons, Bristol.

Dear Sirs,

We have to acknowledge receipt of your favour of 4th inst. enclosing cheque for £ 740·4 in payment of your account to 31st ult. for which we are obliged. Trusting to receive further orders at an early date, we remain,

Yours faithfully,

Brooks & Cliff.

Wein.

33. Ende September 19.. verständigt Robert Wenk, Weingutsbesitzer in Mainz, seine Kundschaft durch Rundschreiben über die Ernteaussichten und bietet seine Weine an.

34. Am 15. Oktober 19.. sendet Robert Wenk, Mainz, an Bloch & Kramer, Bremen, Weinproben und Probenverzeichnis.

35. Am 20. Oktober 19.. bitten Bloch & Kramer, Bremen, um eine zweite Probesendung.

36. Am 22. Oktober 19.. schickt Robert Wenk, Mainz, die gewünschten Proben und bittet um baldige Bestellung.

37. Am 28. Oktober 19.. bestellen Bloch & Kramer, Bremen, 60 Hektoliter Wein nach Probe, unter Angabe der Lieferungs- und Zahlungsbedingungen.

38. Am 3. November 19.. übersendet Robert Wenk, Mainz, Rechnung über den bestellten Wein und bittet, den Betrag auf sein Reichsbank-Girokonto zu überweisen.

39. Am 3. Dezember 19.. senden Bloch & Kramer, Bremen, Scheck auf die Bremer Bank; sie erklären, warum sie diesen Zahlungsmodus vorziehen.

40. Am 5. Dezember 19.. quittiert Robert Wenk, Mainz, über den Empfang des Geldes und bittet um fernere Aufträge.

33.

Robert Wenk.
Weingutsbesitzer,
Weingroßhandlung.
Reichsbank-Girokonto.

Mainz, Ende September 19..

P. P.

Die diesjährige Weinernte verspricht einen nach Menge und Güte zufriedenstellenden Ertrag. — Die Trauben haben sich infolge des warmen, trockenen Wetters der letzten Wochen kräftig entwickelt, so daß auch die billigen und mittleren Preislagen blumig und mild ausfallen dürften.

Die Frühjahrsfröste haben bei dem gesunden Stand unserer Weinberge wenig und in geschützten Lagen nur ganz vereinzelt geschadet. Auch der Menge nach steht deshalb eine gute Durchschnittsernte zu erwarten. Zur Versendung gelangen von jetzt ab die umstehend verzeichneten Tafelweine.

Ich bin überzeugt, daß sie zu Ihrer vollen Zufriedenheit ausfallen werden; besonders die besseren Marken haben mir bereits zahlreiche anerkennende Äußerungen eingebracht.

Proben stehen auf Wunsch unentgeltlich und portofrei gern zu Diensten.

Ihren gefl. Aufträgen entgegensehend, empfehle ich mich Ihnen

hochachtungsvoll

Robert Wenk.

Wine.

Précis.

33. 1st February 19 . . N. Johnston & Sons, Bordeaux, inform their customers in England, by circular, of the qualities of the various wines which they have in stock.

34. 6th February 19 . . Johnston & Sons' London house sends Greatorex & Co., Liverpool, a box of samples which they think will interest the latter.

35. 15th March 19 . . Greatorex & Co. write to Johnston that they have tasted the samples, but they prefer the wines which they had bought previously.

36. 18th March 19 . . Johnston & Sons reply that the wines referred to are stil in stock.

37. 24th March 19 . . Greatorex & Co. give an order for wine.

38. 30th March 19 . . Johnston & Sons advise despatch of the wine and enclose Bill of Lading and Invoice.

39. 16th April 19 . . Greatorex & Co. remit amount of invoice to Johnston & Sons London office.

40. 17th April 19 . . Johnston & Sons acknowledge receipt of remittance.

33.

N. JOHNSTON & SONS.
Wine Growers and Exporters.
BORDEAUX.
Established 1734.

BORDEAUX, 1st February 1902.

Dear Sirs,

The quality of the recent vintage is undoubtedly superior in every way to that of 1897, nevertheless, as far as we can at present judge, we fear that it is not up to what we were led to anticipate, owing to the excessively dry weather that prevailed last summer.

1901's

The 1898's are perfectly sound, do not show any symptoms of disease, and possess fair colour. Their weak point is a certain harshness and lack of fruitiness.

Owing to the reduced stock of good wines and to the general impression that 1901's were to be an exceptionally fine vintage, numerous and perhaps too hasty transactions took place even before the wines were made or could possibly be tasted, and at prices which do not as yet seem justified. After the first racking, however, we shall be in a position to form a more definite opinion on them.

34.

Robert Wenk.
Weingutsbesitzer,
Weingroßhandlung.
Reichsbank Girokonto.

Mainz, den 15. Oktober 19..

Herren Bloch & Kramer, Bremen.

Unter Bezugnahme auf unsere langjährige angenehme Geschäftsverbindung und im Anschluß an mein Rundschreiben vom September gestatte ich mir, Ihnen einige Proben der jetzt zum Versand kommenden leichten Tafelweine einzusenden.

Ich gebe mich der angenehmen Hoffnung hin, daß diese selbstgepflegten, haltbaren und äußerst preiswerten Weine Ihren vollen Beifall finden und Sie veranlassen werden, auch in diesem Jahre Ihre Weinbestände bei mir zu ergänzen.

Hinsichtlich der Preise tat ich das denkbar Mögliche; für Naturreinheit, Haltbarkeit und Bekömmlichkeit übernehme ich volle Bürgschaft.

Sie würden mir durch baldige Mitteilung Ihrer gefl. Entschließung einen Gefallen erweisen; es ist anzunehmen, daß ein großer Teil der Ihnen bemusterten und sehr beliebten Marken bald geräumt sein wird.

Ich sehe gütiger Zuwendung Ihrer Aufträge gern entgegen und sichere Ihnen im voraus sorgfältigste Bedienung zu.

Hochachtungsvoll

Robert Wenk.

1 Probenverzeichnis.

35.

Bloch & Kramer.
Bremen.

Bremen, den 20. Oktober 19..

Herrn Robert Wenk, Mainz.

Wir erhielten Ihren Brief vom 15. d. M., auch die darin angezeigten Proben sind uns zugegangen.

Der mit No. 2435 bezeichnete Wein ist recht angenehm, wenn auch ein wenig herb im Geschmack; er würde sich für die Ansprüche unserer Kundschaft besser eignen, wenn die Farbe etwas dunkler wäre.

Wir fragen ergebenst an, ob Sie uns eine im Geschmack ähnliche Marke von etwas kräftigerer Färbung anstellen können, und bitten um billigste Preisnotierung.

Hochachtungsvoll

Bloch & Kramer.

1896's The common 1895's, and especially the 1896's of all grades, are the only wines now left in wood that can be depended on. We recommend them as sound wines, which can be relied on, and are fully worth their very moderate prices.

1893's The 1893's, properly and not too early bottled, are turning out very well and are giving great satisfaction. These wines, with the
1890's 1890's, are the only really fine Clarets now existing, and the quality of the 1890's, as they mature in glass, is daily getting more appreciated.

We beg to refer you to our annexed price list and, soliciting the continuance of your valued orders, which will always meet with our utmost care and attention,

We remain, Dear Sirs, Your obedient Servants,

Nathl. Johnston & Sons.

Messrs. Greatorex & Co.,
LIVERPOOL.

34.

N. JOHNSTON & SONS.
Wine Growers & Exporters.
BORDEAUX.
Established 1734.

112, Leadenhall St., E. C.,
LONDON OFFICE, 6th February 19 . .

Messrs. Greatorex & Co., Liverpool.

Gentn,

Referring to our circular of 1st instant we beg to inform you we have just received from our Bordeaux house samples of new season's and other wines which they have lately stocked and we have ventured to forward a small box containing samples of those most likely to interest you.

Looking forward to your esteemed orders.

We are Gentlemen,

Yours very truly,

N. Johnston & Sons.

35.

GREATOREX & CO.
Wine Importers.
Whiskey Blenders.

Exchange Street,
LIVERPOOL, 15th March 19 . .

Messrs. Johnston & Sons, London.

Dear Sirs,

We duly received your letter of 6th February last, together with box of samples as stated.

36.

Robert Wenk.
Weingutsbesitzer,
Weingroßhandlung.
Reichsbank-Girokonto.

Mainz, den 22. Oktober 19..

Herren Bloch & Kramer, Bremen.

In umgehender Erledigung Ihrer gefl. Anfrage vom 20. d. M. übersende ich Ihnen einige weitere Proben, die Ihren Wünschen bezüglich der Farbe entsprechen dürften.

Die Preise habe ich äußerst niedrig gestellt, entgegenkommend würde ich Ihnen bei Bestellung von mindestens 5000 Litern den Wein franko Bremen liefern, wenn Zahlung innerhalb 30 Tagen nach Empfang der Ware ohne irgendwelche Abzüge für Skonto erfolgt.

Es würde mich besonders freuen, Ihren Auftrag recht bald entgegennehmen zu können.

Hochachtungsvoll

Robert Wenk.

37.

Bloch & Kramer.
Bremen.

Bremen, den 28. Oktober 19..

Herrn Robert Wenk, Mainz.

Wir empfingen Ihren Brief vom 22. d. M. nebst angebogenem Probenverzeichnis.

Der mit No. 11 ausgezeichnete 99er Laubenheimer paßt uns von den übersandten Proben am besten.

Wir bitten, uns davon zu senden:

60 Hektoliter in Halbstückfässern franko

hier, zahlbar 30 Tage nach Empfang, ohne Abzug, zum Preise von ℳ 50 per 100 Liter.

Ihrer umgehenden Versandanzeige gern entgegensehend

hochachtungsvoll

Bloch & Kramer.

We have carefully tasted the latter and though some of the wines seem well suited to our trade, there is nothing amongst them that pleases us so well as the Langoa Barton & Mouton Rothschild we bought last year. If you still have these in stock, or any very similar wines, we think there would be room for business.

Our English customers are very conservative in their taste and are inclined to be unduly critical of any new brand offered them, even if superior to what they have been accustomed to.

Yours faithfully,

Greatorex & Co.

36.

N. JOHNSTON & SONS.
Wine Growers & Exporters.
BORDEAUX.
Established 1734.

BORDEAUX, 18th March 19 . .

Messrs. Greatorex & Co., Liverpool.

Gentn,

Replying to yours of 15th inst., addressed to our London office, I am glad to inform you that we have still 10 of the Langoa Barton and the same number of the Mouton Rothschild in stock and can let you have the lot at the same rates as the last consignment. You must, however, let us know as soon as possible, for we have another buyer for these goods, but should give you the preference.

Yours truly,

N. Johnston & Sons.

37.

GREATOREX & CO.
Wine Importers.
Whiskey Blenders.

Exchange Street,
LIVERPOOL, 24th March 19 . .

Messrs. N. Johnston & Sons, Bordeaux.

Dear Sirs,

If you have not yet sold the Langoa Barton & Mouton Rothschild we would take *ten* hogsheads of the Langoa and *five* of the other.

Please forward them, as usual, by direct steamer, f. o. b. Bordeaux.

Yours truly,

Greatorex & Co.

38.

Girokonto bei der Reichsbank.

Drahtnachrichten: Weinwenk, Mainz.

RECHNUNG

für Herren *Bloch & Kramer, Bremen,*

von **Weingutsbesitzer Robert Wenk.**

Mainz, den 3. November 19..

Sandte Ihnen laut Auftrag *vom 28. Oktober* für Ihre werte Rechnung und Gefahr *durch Rheinische Transport-Gesellschaft William Egern & Co., Mainz, frei:*

Nummer	*Liter*	*Ziel 30 Tage gegen meine Tratte*		*Preis für 100 Liter*	*Betrag*	
R. W. 24/35	6000	*99er Laubenheimer.*	*ℳ*	50	3000	–

☛ 12 Fässer gefl. frei zurück. ☚

Ich hoffe, daß diese probetreu ausgeführte Sendung zu Ihrer vollsten Zufriedenheit ausfällt und Ihnen recht bald Anlaß zu weiteren Bestellungen gibt.

Den Rechnungsbetrag von ℳ 3000,— bitte ich mir durch Überweisung auf mein Reichsbank-Girokonto zugehen zu lassen.

Hochachtungsvoll

Robert Wenk.

Bezugsbedingungen: Erfüllungsort für Lieferung und Zahlung ist Mainz. — Ziel 3 Monate, für Barzahlung 2⁰/₀ Skonto. — Die Zusendung geschieht auf Gefahr des Auftraggebers. — Die Fässer werden spundvoll und in gutem Zustande versandt; sie kommen zum Selbstkostenpreis in Ansatz und werden zu dem berechneten Preise wieder gutgeschrieben, wenn sie innerhalb 4 Wochen franko Mainz in gutem Zustand zurückgeschickt werden.

Gibt eine Lieferung dem Empfänger Anlaß zu Klagen, so ist mir sofort Nachricht zu geben. — Beschwerden, die später als 3 Wochen nach Ankunft des Weines erfolgen, bleiben durchaus unberücksichtigt.

38.

JOHNSTON & SONS.
Wine Growers and Exporters.
BORDEAUX.
Established 1734.

BORDEAUX, *30th March* 19 . .

Messrs. Greatorex & Co., Liverpool.

BOUGHT OF NATH. JOHNSTON & SONS.

	10 Hogsheads Langoa Barton 1896. *G. & C. Nos. 19845/19854.* *10 Hds. @ £ 14 per Hd.*	*£ 140*	—	—
	5 Hds. Mouton Rothschild 1896. *G. & C. Nos. 1347/1351.* *5 Hds. @ £ 26 per Hd.*	*130*	—	—
	Terms Nine months nett or 5 %₀ for cash . . *f. o. b. here.*	*£ 270*	—	—

5/- allowed for empties returned in good condition and carriage paid.

1st B/L.

Gentlemen,

We have pleasure in enclosing 1st B/L of above goods which were despatched to-day per S. S. Cunarder direct to Liverpool. The second B/L we forward to our London Office.

Yours faithfully,

N. Johnston & Sons.

Translation of German Expressions not occurring in above invoice. Terms of delivery. Place of delivery and payment. Three months credit or 2 % discount for cash. All goods forwarded at buyer's risk. All barrels despatched full and in good condition. They are charged at cost price and returned empties are credited at the same rate. If any consignment gives cause for complaint, such must be made at once. Claims received later than three weeks after arrival of wine can under no circumstances be considered.

39.

Bloch & Kramer.
Bremen.

Bremen, den 3. Dezember 19 . .

Herrn Robert Wenk, Mainz.

In höflicher Erwiderung Ihres Briefes vom 3. November 19 . . bedauern wir, dem darin ausgesprochenen Wunsche hinsichtlich der Regulierung Ihres Guthabens nicht entsprechen zu können, da wir nicht Girokunden der Reichsbank sind.

Es ist bei uns Geschäftsgepflogenheit, die Rechnungen unserer Lieferanten durch Schecks auf die Bremer Bank, hier, zu begleichen.

Sie erhalten deshalb über die Ihnen gutkommenden:

M 3000,—

beigeschlossen einen Scheck auf ebengenanntes Bankhaus.

Wir bitten um gefl. Gutschrift unter Anzeige.

Hochachtungsvoll

Bloch & Kramer.

1 Scheck
auf Bremer Bank.

40.

Robert Wenk.
Weingutsbesitzer,
Weingroßhandlung.
Reichsbank-Girokonto.

Mainz, den 5. Dezember 19 . .

Herren Bloch & Kramer, Bremen.

Ihrem Schreiben vom 3. d. M. entnahm ich:

M 3000,—

in 1 Scheck auf die Bremer Bank, Bremen, wofür ich Sie unter üblichem Vorbehalt bestens dankend erkannt habe.

Sobald die Fässer zurück sind, werde ich den Betrag zum Ausgleich der Rechnung vom 3. November 19 . . verwenden.

Ich hoffe, daß Sie sich bei fernerem Bedarf gern meiner erinnern werden, und empfehle mich

hochachtungsvoll

Robert Wenk.

39.

GREATOREX & CO.
Wine Importers.
Whiskey Blenders.

Exchange Street,
LIVERPOOL, 16th April 19 . .

Messrs. Johnston & Sons, London.

Dear Sir,

We beg to enclose Draft on Williams Deacon & Co., value £ 256 10/—, in payment of your invoice of 30th March less 5% disct.

Awaiting your acknowledgment, we are,

Yours faithfully,

Greatorex & Co.

40.

JOHNSTON & SONS.
Wine Growers and Exporters.
BORDEAUX.
Established 1734.

112, Leadenhall Street,
LONDON, 17th April 19 . .

Messrs. Greatorex & Co., Liverpool.

Gentlemen,

We have to acknowledge receipt of your favour of yesterday enclosing draft for £ 256 10/—, which we have passed to your credit with thanks.

Trusting to be favoured with your further orders,

We are, yours truly,

N. Johnston & Sons.

P. S. We shall credit you with any of our own empties returned as indicated in invoice.

N. T. & S.

Kunstblumen.

41. Die Anmeldung des Geschäftsreisenden der Fabrik künstlicher Blumen, Gebrüder Werner, München, erfolgt durch Postkarte mit Firma ohne weiteren Text.

42. Am 10. Mai 19.. berichtet der auf der Tour befindliche Reisende der Firma Gebrüder Werner über die geschäftlichen Ergebnisse der letzten Tage und übersendet einen Orderzettel, der die Kommissionsnummer 413 trägt.

43. Am 15. Mai übersenden Gebrüder Werner, München, Rechnung an Anna Lange, Regensburg; den Betrag erheben sie bei der Zusendung durch Postnachnahme.

44. Am 15. Mai bestätigen Gebrüder Werner, München, ihrem Reisenden den Reisebericht vom 10. Mai nach Freising: sie beauftragen ihn, Erkundigung über eine Kundin einzuziehen.

41.

Datum des Poststempels.

Reise-Avis

von

Gebrüder Werner,
Fabrik künstlicher Blumen.

Frühlings-Str. 9. München. Frühlings-Str. 9

42.

Gebrüder Werner,
Kunstblumenfabrik.

Regensburg, den 10. Mai 19..

Herren Gebrüder Werner, München.

Ich empfange soeben Ihr gestriges Schreiben, dessen Inhalt ich mir dienen lasse, und schätze Sie im Besitz meiner Briefe vom 8. und 9. d. M. nebst Anlagen: Kommissionsnoten No. 407—412.

Feathers, Artificial-Flowers and Milliners' Requisites.

Précis.

41. 1st May 19 . . St. Clair & Co., London, advise their customers of the approaching visit of their Commercial Traveller, Mr. R. Goodway.

42. 10th May 19 . . The traveller, writing from Bolton, encloses order-sheets; reports moneys collected and state of trade.

42a. 10th May 19 . . Order-sheet enclosed in foregoing letter.

43. 18th May 19 . . St. Clair & Co., forward goods ordered through traveller, to Miss M. Wilson, Southport.

43a. 18th May 19 . . Invoice of goods sent Miss M. Wilson.

44. 15th May 19 . . St. Clair & Co., London, write to their traveller at Carlisle enclosing report on one of his customers, asking him to make further inquiries.

41.

ST. CLAIR & CO.
Artificial Flowers and Milliners' Requisites.

Wood Street,
LONDON, E. C., 1st May 19 . .

We have the honour to inform you that our Mr. Goodway will have the pleasure of waiting upon you with samples of the latest Continental Novelties on or about the 10th inst.

St. Clair & Co.

42.

Royal Hotel,
BOLTON, 10th May 19 . .

Messrs. St. Clair & Co., London.

Dear Sirs,

Yours of yesterday to hand and contents noted. You will have received mine of 8th and 9th inst., with order-sheets Nos. 407/412.

I could not get Miss Wilson here to settle last invoice, or pay anything on account. She says she has very large orders booked and extra hands employed and requires all available funds for wages just now, but will pay when her customers settle with her. Her order (No 412) is not

Leider war es mir nicht möglich, bei Fräulein Lange, hier, Zahlung für unsere letzte Sendung zu erlangen. Da diese Kundin ein sehr gutes Geschäft am Platze macht, empfehle ich, den neuen Auftrag (Orderzettel No. 413) gleichwohl auszuführen und bei Zusendung den Betrag der rückständigen Rechnung durch Postnachnahme mit zu erheben. Fräulein Lange ist mit diesem Vorschlag, durch welchen ja ein weiteres Risiko nicht entsteht, einverstanden.

An Kasse vereinnahmte ich:

bei Ottilie Haller	ℳ	312.50
„ Klara Otto	„	133.—
die ich mit	ℳ	445.50

bei der hiesigen Reichsbankstelle einzahlte.

Bei Fräulein Weber konnte ich trotz aller Bemühungen keinen Auftrag erlangen. Ihr Geschäft ist schnell bei der besseren Kundschaft beliebt geworden und erfreut sich lebhaften Zuspruchs. Für die nächste Tour hat sie mir eine größere Bestellung fest zugesagt.

Im allgemeinen ist das Geschäft flau, wenig Kauflust.

Meine Adresse von Freitag bis Sonntag: Amberg (Drei Könige).

Hochachtungsvoll ergebenst

Karl Berger.

Orderzettel 413

Komm.-No. 413.

Gebrüder Werner,
München.

Lieferbar per sofort.

Nachnahme zuzüglich des früheren Rechnungsbetrags.

Fräulein Anna Lange, Regensburg.

1007	20	Gros	à	2,60	ℳ
1114	10	„	à	—,80	„
1170	10	„	à	2,10	„
1301	10	Dtzd.	à	2,60	„
780	6	Stück	à	1,—	„
172	6	„	à	—,90	„

to be filled for another week; she wishes you to draw on her one week later for amount of the invoices and that of account already due. I don't think we run any risk and, as she has always been a good customer, I should think we ought to meet her wishes.

I have received the following payments:

Miss A. M. Siddons, Southport:	£ 6·3·9
Miss N. Lyons, Blackpool:	„ 23·2·-
Total	£ 29·5·9

which I have lodged for your A/C at London and County Bank, per North Western Bank, Liverpool.

Miss Lyons insisted on a rebate of 15/— for goods she alleges to have been damaged in packing and I thought it better to grant it, on the understanding that she kept the goods which she threatened to send back, as not in accordance with samples shown.

I did my best to get a line from S. Grant & Co., who are in the best way of business here, but did not succeed. They have, however, invited me to call on my next journey.

On the whole there is not much doing in this district. The war has left many families still in mourning, and coloured goods are not in demand.

Friday to Monday I shall be in Preston, Park Hotel.

Yours faithfully,

Rd. Goodway.

TO ST. CLAIR & CO., LONDON.

No. 412.

Goods required by ....*Miss Wilson*..................

Town ....*Southport*............Street.............*Arcade*..............

Please write very distinctly and give full address, so that no letters or documents sent by us, may miscarry.)

Reference No. must be given	Quantity and Description	Price
1007	*2 Gross Sprays Violets*	*18/—*
1114	*2 „ „ Forget-me nots*	*18/—*
1170	*1 „ „ Roses*	*20/—*
1301	*1 „ „ Lily of Valley*	*20/—*
	To be forwarded per parcels post.	
	Cash order on or after 25th inst.	

Date, *10th May* 19 . .　　　(Every order must be signed.)

M. Wilson.

(Traveller's Initials) J. G.

43.

München, den 15. Mai 19..

Gebrüder Werner.

Rechnung für Fräulein Anna Lange, Regensburg.

Sie empfangen für Ihre werte Rechnung und Gefahr durch Post:

1 Kistchen G. F. M. No. 5643

20 Gros	Maiblumen	1007	à 2,60	ℳ 52.—
10 „	Veilchen	1114	à —,80	„ 8.—
10 „	Vergißmeinnicht	1170	à 2,10	„ 21.—
10 Dtzd.	Rosen	1301	à 2,60	„ 26.—
6 Stück	Zweige	780	à 1.—	„ 6.—
6 „	„	172	à —,90	„ 5.40
	Porto		. . . .	„ —.60
	Kiste		. . . .	„ —.75
				ℳ 119.75
			2 %	„ 2.40
			netto	ℳ 117.35

durch Nachnahme.

Wir sandten Ihnen heute mit gleicher Post die uns durch unseren Herrn K. Berger gütigst bestellten Waren in bester Ausführung und hoffen gern, daß die Sachen Ihren vollen Beifall finden. Ihrem Wunsche gemäß ging die Sendung per Nachnahme in Höhe von ℳ 182,85 an Sie ab, womit zugleich unsere Rechnung vom 18. Dezember 19.. beglichen ist.

Sollten Sie noch etwas in Agraffen, Posen, Straußfedern etc. benötigen, so stehen wir Ihnen auch mit Auswahlsendungen jederzeit gern zu Diensten.

Wir bitten Sie, uns bei neuem Bedarf mit Ihren weiteren Aufträgen zu beehren, und zeichnen

hochachtungsvoll

Gebrüder Werner.

☛ Nach Muster bestellte Ware wird nicht zurückgenommen. Reklamationen, welche später als 3 Tage nach Empfang der Ware gemacht werden, können wir nicht berücksichtigen. ☚

43.

MEMORANDUM.

From	LONDON, 18th May 19 ..
	To
ST. CLAIR & CO.,	*Miss M. Wilson,*
LONDON.	*Southport.*

Madam,

We have pleasure in enclosing Invoice of goods ordered from our traveller, Mr. Goodway.

As instructed by Mr. Goodway, we shall draw on you on the 25th inst., for £ 11 : 15/- and trust our cash order will be promptly taken up.

We have some novelties in feather arrangements, clasps and other trimmings, and shall be glad to send you small sample lots on approval. We trust our last goods pleased your customers and look for early orders.

Yours faithfully,

St. Clair & Co.

No. 412.

Wood Street,
LONDON, *18th May* 19 ..
E. C.

Miss M. Wilson, Arcade, Southport.

BOUGHT OF **ST. CLAIR & CO.**

FEATHERS, ARTIFICIAL FLOWERS AND MILLINERS' REQUISITES.

2	*Gross Violets sprays . . . . . .*	*18 —*	*1*	*16*			
2	*„ Forget-me nots . . . . .*	*18 —*	*1*	*16*			
1	*„ Roses . . . .*	*20 —*	*1*				
1	*„ Lily of Valley . . . . .*	*20 —*	*1*				
	Box, Packing and Postage . . .			*1*			
					£ 5	*13*	*—*
	Payt per Cash Order on 25th inst.						
	E. & O. E.						

44.

Gebrüder Werner,
Kunstblumenfabrik.

München, den 15. Mai 19 . .

Herrn Karl Berger, z. Z. Freising.

Ihrem Briefe vom 10. d. M. entnahmen wir:

Orderzettel No. 413,

den wir sofort erledigten. Wir bemerkten uns, daß Sie bei der Reichsbankstelle Regensburg

ℳ 445,50

für uns erlegten, die wir Ihrem Reisekonto gutschrieben.

Die Ihnen seitens „Kreditreform" über Wwe. Müller/Straubing erteilte Auskunft lautet ungleich günstiger als die im Original beifolgende Mitteilung der Auskunftei Schimmelpfeng.

Wir bitten, die Sache eingehend zu prüfen und uns ausführlich mitzuteilen, was Sie selbst von der Kreditwürdigkeit der betreffenden Firma halten.

Ab morgen adressieren wir: „Drei Könige", Amberg.

Achtungsvoll

Gebrüder Werner.

44.

ST. CLAIR & CO.,
Artificial Flowers and
Milliners' Requisites.

Wood Street,
LONDON, 15th May 19 . .

Mr. Rd. Goodway, Park Hotel, Preston.

Dear Mr. Goodway,

We received yours of 10th inst., with order N° 413 which has been duly filled. We note lodgments for account as indicated in your letter and book accordingly.

The information given you about Miss F. by the Manager of the Bank there, is much more favourable than the enclosed report furnished us by Stubb's Mercantile Agency. Kindly consider the matter carefully and make further enquiries regarding her reliability in the way of business and find out if it would be prudent to grant the credit desired. We shall await your reply before executing the order.

We note from your card your address from to-morrow is to be,

St. George Hotel; Newcastle-on-Tyne.

Yours faithfully,

1. Enclosure. A. St. Clair.

Leinwand.

45. Die Westfälische Leinenweberei, Gesellschaft mit beschränkter Haftung in Bielefeld, zeigt durch Zirkular an, daß sie für die Provinz Westfalen einen neuen Agenten, Felix Bertram, Minden, bestellt hat.

46. Am 11. März 19.. übersendet Felix Bertram, Minden, der von ihm vertretenen Firma die ersten Aufträge.

47. Am 12. März 19.. bestätigt die Westf. Leinenweberei, Bielefeld, den Eingang der Orders und stellt ihrem Agenten verschiedene Lagerwaren zu billigerem Preise an.

48. Am 14. März 19.. empfiehlt der Agent die ihm angestellten Waren als Gelegenheitskauf an Max Ernst, Herford.

49. Am 15. März 19.. fordert Max Ernst, Herford, eine Preisherabminderung und Hinausschiebung des Zahlungstermins.

50. Am 16. März 19.. bedauert Felix Bertram, Minden, im Preise nichts nachlassen zu können, gewährt aber 3 Monat Ziel und verlangt umgehende Entschließung.

51. Am 18. März 19.. bittet Max Ernst, Herford, um Zusendung der Ware.

52. Am 20. März 19.. überreicht die Westf. Weberei, Bielefeld, dem Käufer die Rechnung.

53. Am 1. Mai 19.. sendet Max Ernst, Herford, den Rechnungsbetrag abzüglich 2% Skonto ein.

54. Am 2. Mai 19.. bestätigt die Westf. Weberei, Bielefeld, den Empfang des Geldes und bittet um fernere Aufträge.

45.

Bielefeld, Datum des Poststempels.

P. P.

Wir beehren uns, Ihnen die ergebene Mitteilung zu machen, daß wir uns veranlaßt gesehen haben, einen Wechsel in der Leitung unseres Mindener Hauses vorzunehmen, und von nun ab

Herrn Felix Bertram

mit der Führung unserer Geschäfte in der Provinz Westfalen beauftragt haben.

Genannter Herr wird Ihnen demnächst unsere neuesten Musterbücher vorlegen, um Ihre Aufträge darauf entgegenzunehmen.

Hochachtungsvoll

Westfälische Leinenweberei, G. m. b. H.
Albert Hess.

Linen.

Précis.

45. 1st March 19 . . Harbinson & Seaver, Belfast, inform their customers that Mr. A. Perry has taken over the management of their Manchester Branch.

46. 11th March 19 . . A. Perry reports to Harbinson & Seaver, that he has secured an order in Liverpool.

47. 12th March 19 . . Harbinson & Seaver inform Perry that they have a stock of goods they would sell at reduced prices.

48. 14th March 19 . . Perry writes to J. Ward & Co., Liverpool, enclosing samples of aforesaid goods.

49. 14th March 19 . . J. Ward & Co., Liverpool, make an offer to Perry.

50. 15th March 19 . . Perry writes to Ward & Co. declining to communicate offer to his principals Harbinson & Seaver.

51. 18th March 19 . . Ward & Co. give definite order for goods.

51a. 18th March 19 . . Perry acknowledges receipt.

52. 18th March 19 . . Harbinson & Seaver invoice goods.

53. 28th March 19 . . Ward & Co. enclose cheque in payment of invoice.

53a. 28th March 19 . . Specimen cheque.

54. 29th March 19 . . Harbinson & Seaver enclose receipt for remittance.

54a. 29th March 19 . . Specimen receipt.

45.

HARBINSON & SEAVER.
Linen and Damask Works.
Manufacturers by special appointment to His Majesty the King.
BELFAST.
Telephone 6814.
Telegraphic Address: "Flax" Belfast.

Branches.
114 to 116 Queen St., London; W.
42, Tower Street; Manchester.

Linen & Damask Factory,
BELFAST, 1st March 19 . .

Messrs. Julian Ward & Co., Liverpool.

Gentn,

In reply to your esteemed favour of 30th ulto, we beg to forward samples of various qualities of handkerchiefs, and towelling for your inspection. These goods are all marked lowest price.

We enclose full range of linens and will thank you to select the quality desired.

We beg to announce that we have entrusted Mr. Arthur Perry with the management of our Manchester Branch. Mr. Perry will also represent us in Liverpool and will shortly have the pleasure of waiting on you with full collection of patterns. Kindly reserve your further orders till he has submitted the latter.

Yours faithfully,

Harbinson & Seaver.

46.

Minden, den 11. März 19..

An die

Westfälische Leinenweberei, G. m. b. H., Bielefeld.

Soeben von meiner ersten Tour zurückgekehrt, überreiche ich Ihnen in der Anlage die mir gewordenen Aufträge 1—4 zur gefl. Erledigung.

Hochachtungsvoll

Felix Bertram.

4 Ordres

47.

Westfälische Leinenweberei, G. m. b. H.

Bielefeld, den 12. März 19..

Herrn Felix Bertram, Minden.

Ihrem Gestrigen entnahmen wir Aufträge 1—4, die wir vorschriftsgemäß erledigen.

An Lager befinden sich:

230 Dtzd. ungeklärte rein leinene Jacquard-Handtücher, 50 × 130, Qualität 111,

die wir bei Abnahme des Postens mit 6,75 netto Kasse abgeben, und

12 Stück geklärtes Hausleinen, 79 breit, Qualität 180.

Diese Stücke sind etwas streifig ausgefallen, wir geben sie Ihnen mit ℳ 3,50 per Stück unter Liste an die Hand.

Da der Fehler kaum bemerkbar ist, dürfte es Ihnen nicht schwer fallen, Nehmer zu finden.

Achtungsvoll

Westfälische Leinenweberei, G. m. b. H.
Albert Hess.

48.

Minden, den 14. März 19..

Herrn Max Ernst, Herford.

Soeben wurden mir von meinem Hause ca. 230 Dtzd. ungeklärte rein leinene Jacquard-Handtücher, 50 × 130, Qualität 111, zu dem außerordentlich billigen Preise von ℳ 6.75 netto Kasse bei Abnahme des ganzen Postens angestellt.

Das Sortiment besteht aus 5 Mustern.

46.

HARBINSON & SEAVER.
Linen and Damask Works.
BELFAST.

MANCHESTER BRANCH.
42, Lord Street,
MANCHESTER, 11th March 19 . .

Messrs. Harbinson & Seaver, Belfast.

Dear Sirs,

I have just returned from Liverpool and enclose order No 6796 from Julian Ward & Co., in that city.

Yours truly,

1. order sheet. A. Perry.

47.

HARBINSON & SEAVER.
Linen and Damask Works.
Manufacturers by special appointment to His Majesty the King.
BELFAST.
Telephone 6814.
Telegraphic Address: "Flax" Belfast.

BELFAST, 12th March 19 . .

A. Perry, Esq., Manchester.

Dear Mr. Perry,

Your letter and order of 11th inst., have already been attended to.

We have very large stocks of the undernoted Nos. H. 356, 201, C. 88, B. 234, 636, which we would sell at 20% discount under ticket prices, to clear.

Many job lots of ladies' superfine mull handkerchiefs, revered or hem-stitched and embroidered, are also on hand.

We are sending you a job lot, of 20 dozen of these latter and believe you will have no difficulty in finding purchasers for them at something near marked prices, as the defects are imperceptible.

Yours truly,

(Samples enclosed) s. Anhang 47a, S. 221. Harbinson & Seaver.

48.

HARBINSON & SEAVER.
Linen and Damask Works.
BELFAST.

MANCHESTER BRANCH.
42, Lord Street,
MANCHESTER, 14th March 19 . .

Messrs. Julian Ward & Co., Liverpool.

Dear Sirs,

Our Belfast House has just sent me samples of special lines in table linens, towelling and handkerchiefs, to be sold at 20% under list prices

Da ich aus dem früheren Briefwechsel mit Ihrer w. Firma ersehe, daß Sie öfter ähnliche Qualitäten von uns bezogen haben, so erlaube ich mir, Ihnen diesen äußerst vorteilhaften Posten als Gelegenheitskauf zu empfehlen, und übersende Ihnen je ein Probedutzend durch Post.

Ebenso offeriere ich Ihnen einen Rest von 180 St. gebleichten rein leinenen Damasttischtüchern, 130 × 170, Qualität 96, in einem Dessin, die ich Ihnen äußerst à ℳ 6.25 netto Kasse liefern würde.

Auf Wunsch könnte ich Ihnen zum Dessin passende Servietten, 65 × 65, zu ℳ 11.75 netto Kasse abgeben.

Ihrer gefl. umgehenden Entscheidung sehe ich gern entgegen und zeichne

hochachtungsvoll

Felix Bertram.

49.

Max Ernst, Herford. Herford, den 15. März 19 . .

Herrn Felix Bertram, Minden.

Im Besitz Ihrer gefl. Offerte vom 14. d. M. bin ich nicht abgeneigt, den angestellten Posten Handtücher zu übernehmen, wenn Sie mir dieselben mit ℳ 6.60 überlassen und außerdem 3 Monat Ziel gewähren.

Mein Lager in Tischzeug ist hinreichend sortiert; ich bedaure deshalb, für Ihre weitere Offerte keine Verwendung zu haben.

Umgehender Antwort gern gewärtig, zeichnet

hochachtungsvoll

Max Ernst.

50.

Minden, den 16. März 19 . .

Herrn Max Ernst, Herford.

Im Besitze Ihres gestrigen Schreibens bedauere ich, Ihnen nach nochmaliger Kalkulation das Handtuch nicht anders als zu ℳ 6.75 erlassen zu können. Dagegen bin ich bereit, Ihnen diesen Preis ausnahmsweise netto 3 Monat anstatt netto Kasse anzustellen.

Ich bitte um Ihre umgehende Erklärung, da ich die Handtücher auch anderweit angestellt habe.

Hochachtungsvoll

Felix Bertram.

against cash. We enclose patterns of the Nos. most likely to suit your trade and trust the exceedingly low prices will induce you to avail yourself of the opportunity.

Yours faithfully,

Harbinson & Seaver.

p. A. Perry.

P. S. I have taken the liberty of sending you a sample dozen of extra cheap handkerchiefs. A. P.

49.

JULIAN WARD & CO.
LINENDRAPERS.
Household and Table Linen of Every Kind. Shirtings, Handkerchiefs and Collars. Damasks, Cambrics, Lawns, in all qualities.

LIVERPOOL. 15th March 19 . .

Messrs. Harbinson & Seaver, Manchester.

Gentlemen,

We should be inclined to take a 200 dozen of the Towels as per sample contained in yours of the 14th inst., but should expect three months' credit. Please let me know per return if you accept. For the handkerchiefs we have for the moment no opening.

Yours faithfully,

Julian Ward & Co.

50.

HARBINSON & SEAVER.
Linen and Damask Works. BELFAST.

MANCHESTER BRANCH.
42, Lord Street,
MANCHESTER, 15th March 19 . .

Messrs. J. Ward & Co., Liverpool.

Dear Sirs,

I fear there would be no use in submitting your request for three month's credit to my Belfast people, considering the large discount granted. It would mean a loss on cost price, which is hardly covered by the terms offered. Please let me know your decision by return as I have another customer.

Yours faithfully,

Harbinson & Seaver.

p. A. Perry.

51.

Max Ernst, Herford. Herford, den 18. März 19..

Herrn Felix Bertram, Minden.

Im Besitze Ihres Briefes vom 16. d. M. ersuche ich Sie, mir als Frachtgut:

230 Dtzd. Handtücher à 6.75 ℳ netto 3 Monat,

in Qualität und Farbe genau der mir am 14. d. M. durch die Post zugegangenen Probe entsprechend, zu übersenden.

Umgehender Erledigung gern gewärtig, zeichne ich

hochachtungsvoll

Max Ernst.

52.

Westfälische Leinenweberei.

Gesellschaft mit beschränkter Haftung.

Bielefeld, den 20. März 19..

Rechnung

für Herrn Max Ernst, Herford.

W. S. W. 1113—1116	230	*Wir sandten Ihnen in* gewöhnlicher *Fracht durch* Spediteur Otto Müller, hier, in 4 Kisten: Dtzd. 50 × 130 ungekl. Jacquard-Handtücher . . . . Dtzd. 30 Tage 2 %, 90 „ netto.	6.75	1552	50

51.

JULIAN WARD & CO.
LINENDRAPERS.
Household and Table Linen of Every Kind.
Shirtings, Handkerchiefs and Collars. Damasks, Cambrics, Lawns, in all qualities.

LIVERPOOL, 18th March 19 . .

Messrs. Harbinson & Seaver, Manchester,

Gentlemen,

You may send us the 200 dozen Towels, less 20% cash terms, *delivered here.* We should like no time to be lost in the execution of this order.

Yours truly,

Julian Ward & Co.

1. Order-slip enclosed.

51a.

POST CARD.

From Harbinson & Seaver,
Manchester. 18/3/19 . .

Messrs. J. Ward & Co.,
Bold Street,
LIVERPOOL.

Order received. Have wired Belfast to forward per to-night's boat.

A. Perry.

52.

Telegraphic Address: "Flax Belfast".

Manufacturers by special appointment To his most gracious Majesty the King.

Manufacturers by special appointment To her late Imperial Majesty The Empress Frederick of Germany.

156 to 170, Queen St. LONDON, W. and at 22, Tower St. MANCHESTER.

Two Prize Medals and Diplomas. PARIS, 1889. Grand Diploma of honour and Gold Medal. EDINBURGH, 1890.

BOUGHT OF

HARBINSON & SEAVER.

LINEN & DAMASK FACTORY.

BELFAST, *18th March* 19 . .

Terms 3 Months Nett or 5% For Cash.
No Receipt acknowledged except those issued on our Printed Forms.
Cheques to be crossed to Bank of Ireland.

March	*18*	*200 Dozen Damask Bordered*			
1/3 ◇JW		*Huck Fringed Towels*	*14 9*	*147*	*10*
		20% disct. (Special)		*29*	*10*
		Terms strict Cash.		*116*	*—*
		Per Str. to Liverpool, Carriage Pd.			
		E. & O. E. Packing Cases to be returned.			

53.

Max Ernst, Herford. Herford, den 1. Mai 19..

An die

Westfälische Leinenweberei, G. m. b. H., Bielefeld.

Zum Ausgleich Ihrer Rechnung vom 20. März a. c. überreiche ich Ihnen beiliegend:

	ℳ	1521.45	in bar, die Sie mir
zuzüglich	„	31.05	2 % Skonto
mit	ℳ	1552.50	gutbringen wollen.

Hochachtungsvoll

Max Ernst.

Beiliegend:	ℳ	1520.—	in Papiergeld
	„	1.45	in Briefmarken
	ℳ	1521.45	

54.

Westfälische Leinenweberei, G. m. b. H. Bielefeld, den 2. Mai 19..

Herrn Max Ernst, Herford.

Ihrem gestrigen Schreiben entnahmen wir:

	ℳ	1521.45	in bar, die wir
zuzüglich	„	31.05	2 % Skonto
mit	ℳ	1552.50	

zum Ausgleich unserer Rechnung vom 20. März d. J. verwendeten.

Ihren ferneren Aufträgen uns bestens empfohlen haltend, zeichnen wir

hochachtungsvoll

Westfälische Leinenweberei, G. m. b. H.

Albert Hess.

53.

MEMORANDUM.

From	To
JULIAN WARD & CO., Bold Street, LIVERPOOL.	*Messrs. Harbinson & Seaver, Belfast, 28th March 19 . .*

Enclosed please find cheque £ 116 in payment of your invoice of 18th inst. Please acknowledge in course.*

* Siehe Anhang 53 a, Seite 222.

54.

MEMORANDUM.

FROM	BELFAST, *29th March 19 . .*
HARBINSON & SEAVER.	*Messrs. J. Ward & Co. Bold Street, Liverpool.*

Telegraphic Address "Flax" Belfast.

Receipt enclosed with thanks. We hope soon to be favoured with your further orders.

H. & S.
p. J. M.

54a.

HARBINSON & SEAVER.

N° *678* BELFAST, *29th March* 19 . .

Received from *Messrs. J. Ward & Co.*

the Sum of .... *One hundred & sixteen* .... Pounds
.... shillings and ....
pence *Am^{t} of our Invoice of 18th inst.*

£ 116·0·0

ONE PENNY

With Thanks.
Harbinson & Seaver.

No Receipt Recognised except on this form.

Erkundigung und Mahnung.

55. Am 6. April 19.. ersucht Emil Held in Braunschweig die Firma Rudolf Reh in Wolfenbüttel um baldige Einsendung eines fälligen Rechnungsbetrags.

56. Am 6. April 19.. erkundigt sich Emil Held in Braunschweig bei seinen Geschäftsfreunden A. Feller & Co., Wolfenbüttel, nach der Kreditwürdigkeit seines Schuldners.

57. Am 9. April 19.. empfehlen A. Feller & Co., Wolfenbüttel, energisches Vorgehen gegen den Schuldner.

58. Am 10. April 19.. zeigt Emil Held, Braunschweig, seinem Schuldner an, daß er den Rechnungsbetrag zuzüglich Verzugszinsen und Spesen durch Postnachnahme erheben werde.

59. Am 13. April 19.. schickt Emil Held, Braunschweig, Postnachnahmekarte über den Rechnungsbetrag an Rudolf Reh in Wolfenbüttel ein.

60. Am 16. April 19.. verlangt Emil Held, Braunschweig, zur Vermeidung gerichtlicher Klage Zahlung.

61. Am 17. April 19.. schlägt Rudolf Reh, Wolfenbüttel, vor, sein von Falb & Co., Helmstedt, indossiertes Akzept in Zahlung nehmen zu wollen.

62. Am 18. April 19.. erklärt sich Emil Held, Braunschweig, mit dieser Form der Anschaffung einverstanden.

63. Am 20. April 19.. übersendet Rudolf Reh, Wolfenbüttel, das Akzept und bittet um Entlastung.

64. Am 21. April 19.. bekennt sich Emil Held, Braunschweig, zum Empfang des Wechsels und quittiert unter dem üblichen Vorbehalt über seine Forderung.

55.

Emil Held, Braunschweig. Braunschweig, den 6. April 19..

Herrn Rudolf Reh, Wolfenbüttel.

Bei Durchsicht meiner Bücher finde ich Ihr Konto noch immer mit dem Betrag meiner Rechnung vom 15. Oktober v. J.

M 496.75 per 15./12. v. J.

belastet.

Unter dem 15. Februar d. J. erlaubte ich mir bereits, Sie auf den rückständigen Posten aufmerksam zu machen; eine Antwort ist mir nicht zugegangen.

Da das Ihnen eingeräumte Ziel seit längerer Zeit überschritten ist, ersuche ich Sie um recht baldige Begleichung dieser Summe und zeichne

achtungsvoll

Emil Held.

Recovery of Debts.

Précis.

55. 6th April 19 . . W. Whitehead, London, requests John Walker, St. Helens, to remit amount of invoice.

56. 6th April 19 . . W. Whitehead, addresses an inquiry to Colmans & Co. St. Helens, respecting the solvency of the debtor.

57. 9th April 19 . . Colmans advise Whitehead to act at once.

58. 10th April 19 . . Whitehead advises Walker of his intention to draw cash order.

59. 14th April 19 . . Cash Order.

60. 16th April 19 . . Whitehead informs Walker that he intends to take legal steps.

61. 17th April 19 . . Walker offers draft and security.

62. 18th April 19 . . Whitehead accepts the proposal.

63. 20th April 19 . . Walker forwards his draft accepted by his relative Burrows and endorsed to Whitehead.

64. 21st April 19 . . Whitehead acknowledges draft and gives receipt for value under reserve.

55.

WILLIAM WHITEHEAD.
LONDON.

LONDON, 6th April 19 . .

Mr. John Walker, St. Helens.

Dear Sir,

On closing my books for the last quarter, I observe with regret a balance of £ 24·10·9 standing at your debit since the 15th of October last, as per statement of A/C. already furnished at the beginning of the year and on 6th February last.

I must really request you to let me have a remittance for this overdue amount at your earliest convenience.

Yours faithfully,

W. Whitehead.

56.

Emil Held, Braunschweig. Braunschweig, den 6. April 19..

Herren A. Feller & Co., Wolfenbüttel.

Ich gestatte mir heute, Ihre Gefälligkeit in Anspruch zu nehmen, indem ich Sie bitte, mir über den Ruf und die Kreditwürdigkeit der auf dem beiliegenden Zettel verzeichneten Firma eine möglichst genaue Auskunft zu erteilen.

Der in Frage Stehende ist ein langjähriger Kunde meines Hauses und hat früher stets pünktlich reguliert. Eine ihm bereits im Februar d. J. übersandte Mahnung hat er dagegen unbeantwortet gelassen. Das Objekt beträgt annähernd 500 ℳ.

Sie wollen sich diskretester Benutzung Ihrer gefl. Mitteilungen versichert halten.

Zu Gegendiensten stelle ich mich Ihnen gern zur Verfügung.

Hochachtungsvoll

Emil Held.

Anlage
1 Adresse.

57.

Feller & Co., Wolfenbüttel. Wolfenbüttel, den 9. April 19..

Herrn Emil Held, Braunschweig.

Im Besitz Ihres Briefes vom 6. d. M. teilen wir Ihnen zu gefl. diskreter Benutzung und ohne jede Gewähr unsererseits mit, daß in neuerer Zeit öfter über langsame Zahlung der in Frage stehenden Firma geklagt wird.

Es scheint, daß der sonst sehr tüchtige und fleißige Inhaber sich über seine Kräfte an industriellen Unternehmungen beteiligt hat, deren Rentabilität zu wünschen übrigläßt.

In Ihrem Interesse dürfte es liegen, energisch vorzugehen, damit Ihnen nicht bei der immerhin gefährdeten Lage andere zuvorkommen.

Zur Zeit ist es recht wohl möglich, daß die sehr wohlhabenden Verwandten Ihres Schuldners etwas für ihn tun.

Wir stellen ergebenst anheim, von vorstehender Auskunft, ohne jede Verbindlichkeit unsererseits, den Ihnen geeignet erscheinenden Gebrauch zu machen, und rechnen auf Ihre Verschwiegenheit.

Hochachtungsvoll

A. Feller & Co.

56.

WILLIAM WHITEHEAD.
LONDON.

LONDON, 6th April 19 . .

Messrs. Colman & Co., St. Helens.

Gentlemen,

I should be exceedingly obliged for your opinion regarding the character, reliability and solvency of the person named on enclosed slip.

The gentleman in question has been a customer of mine for many years and has hitherto met his engagements with great punctuality, but has taken no notice whatever of statements of A/C. for some £ 25, handed him on two occasions since the beginning of the year.

You can of course count on my discretion in the use of any communication from you on this subject. I shall be glad to return the service in any way, as occasion may occur.

Yours faithfully,

Enclosure.

H. Whitehead.

57.

Private & Confidential.

St.. Helens, 9th April . .

Dear Sir,

Replying to your inquiry of 6th inst., and according to information obtained from houses accustomed to deal with it, we learn that the firm referred to has ceased to be as punctual as formerly in meeting its engagements.

The proprietor of the business, an intelligent and energetic man of business, has recently joined in doubtful industrial undertakings of a very speculative nature, and which have proved anything but remunerative. He is, in short, reputed to have too many irons in the fire and to be over-trading his means with unjustifiable audacity.

In your case I should take speedy and energetic measures for the recovery of your debt, before a crash comes, or your may find that others have been beforehand with you.

It is quite possible that your debtor's well-to-do relatives may come to his aid and avert a disaster.

The information here afforded is to be regarded as strictly private and without prejudice to the firm or the writer.

Yours faithfully,

W. Whitehead, Esq.

Colman & Co.

58.

Emil Held, Braunschweig. Braunschweig, den 10. April 19 . .

Herrn Rudolf Reh, Wolfenbüttel.

Da Sie meine Briefe vom 15. Februar und 6. April d. J. unbeantwortet gelassen haben, ersuche ich Sie hierdurch, den fälligen Rechnungsbetrag zuzüglich ℳ 8,25 Verzugszinsen à 5%

mit ℳ 505.—

nunmehr innerhalb 3 Tagen zu begleichen.

Sollte ich bis zum 13. April d. J. nicht im Besitze des Geldes sein, so werde ich den Betrag zuzüglich 65 Pfennig Postgebühr durch Postnachnahme bei Ihnen einziehen lassen.

Zur Vermeidung von Weiterungen und Kosten wollen Sie meine Abgabe bei Vorkommen pünktlich einlösen.

Achtungsvoll

Emil Held.

59. (Postnachnahmekarte.)

Vorderseite.

10 Pf. Vorzeigegebühr	5 Pf. Porto.

Nachnahme: 505 ℳ 65 Pf.
wörtlich: Fünfhundertfünf ℳ 65 Pf.

Absender: Emil Held, Braunschweig.

Herrn Rudolf Reh

in

Wolfenbüttel.

(Rückseite.)

Quittung über Mark 505.65

Von Herrn Rudolf Reh, Wolfenbüttel, mit Bezugnahme auf mein Schreiben vom 10./4. d. J.

Fünfhundertfünf Mark 65 Pf.

empfangen zu haben, bescheinige ich hiermit

Braunschweig, den 14./4. 19 . .

Emil Held.

Falls aus irgend einem Grunde die Einlösung beim ersten Vorzeigen nicht erfolgt, so bleibt die Karte noch 6 Tage beim Postamt liegen und kann bis dahin deren Einlösung bewirkt werden.

58.

WILLIAM WHITEHEAD.
LONDON.

LONDON, 10th April 19 . .

Mr. John Walker, St. Helens.

Sir,

My letters of the 6th of February and 6th instant having remained without reply, I have now to notify you that, if I do not within *three days* receive a remittance for the amount of your indebtedness to me as per note at foot, I shall draw a cash order on you for the amount plus cost of negotiation.

I venture to hope that a remittance by return will spare us both any further trouble.

Yours truly,
W. Whitehead.

Amount of Invoice . . .	£ 24·10·9
3 mos: int: at 5% . . .	6·0
Commission on c o. . . .	6
	£ 24·17·3

59.

(The English Post Office does not collect drafts of any kind; the widely extended bank system, with branches in the smallest towns fulfils this duty. The commission for collection is generally about 2/6 per cent, with a minimum of 6 d. Such "cash orders", however, are less used in England than in Ireland and Scotland.)

CASH-ORDER.

LONDON, *14th April* 19 . .

£ 24·17·3

ON DEMAND pay to the order of

STAMP
ONE
PENNY

Parr's Bank Ltd. the sum of
Twenty four . pounds
17 shillings and *3* pence value received.

To Mr. *John Walker,*
St. Helens.

W. Whitehead.

60.

Emil Held, Braunschweig. Braunschweig, den 16. April 19..

Herrn Rudolf Reh, Wolfenbüttel.

Soeben erhalte ich meine Postnachnahmekarte vom 13. d. M. unbezahlt zurück.

Da Sie weder zahlen, noch meine Zuschriften beantworten, so sehe ich mich nunmehr gezwungen, gerichtliche Klage gegen Sie anzustrengen.

Ich bedaure, daß unsere mehrjährige Geschäftsverbindung in so unerquicklicher Weise abgebrochen wird, aber Sie werden mir wohl zugeben, daß die Schuld nicht an mir liegt.

Achtungsvoll

Emil Held.

Einschreiben.

61.

Rudolf, Reh, Wolfenbüttel. Wolfenbüttel, den 17. April 19..

Herrn Emil Held, Braunschweig.

Ich bitte sehr um Entschuldigung, daß ich Ihre verschiedenen Zuschriften und Mahnungen unbeantwortet ließ und dadurch Ihren Entschluß veranlaßte, klagbar gegen mich zu werden.

Ich habe in der letzten Zeit und ohne mein Verschulden schwere Verluste gehabt, die ich, um größeres Unheil zu verhüten, sofort decken mußte; dadurch bin ich verhindert worden, meinen laufenden Verpflichtungen gerecht zu werden.

Um der mir angedrohten gerichtlichen Klage vorzubeugen, hat sich mein Schwager, Herr W. Falb, alleiniger Inhaber der Firma A. Falb & Co. in Helmstedt, bereit erklärt, ein 3 Monat-Akzept, das ich Ihnen zur Deckung meiner Schuld von ℳ 496.75 zuzüglich Spesen und Zinsen einsenden würde, mit seinem Giro zu versehen.

Der Name der genannten Firma bürgt Ihnen für pünktlichen Eingang des Wechselbetrags; ich gebe mich deshalb der Hoffnung hin, daß Sie auf meinen Vorschlag eingehen und mich damit von einer schweren Sorge befreien werden.

Ich sehe Ihrer gefl. Zustimmung postwendend entgegen und werde Ihnen dann mein Akzept umgehend einsenden.

Hochachtungsvoll

Rudolf Reh.

Einschreiben.

60.

WILLIAM WHITEHEAD.
LONDON.

LONDON, 16th April 19 . .

Mr. John Walker, St. Helens.

Sir,

My cash-order on you, drawn on the 14th instant, has to-day been returned to me dishonoured.

As you have not thought fit to settle your long out-standing debt, or reply to any of my letters, I must assume you will pay only under compulsion and have therefore decided, though with regret, to place the matter in the hands of my lawyer, with instructions to take legal steps for the recovery of the amount due.

I am exceedingly sorry that our long connection should terminate in such a disagreeable fashion, but you must in all candour allow that your conduct leaves me no other course open.

Before definitely instructing my solicitor to take action I should like to have some explanation of your failure to meet your engagement, and if there is still hope of payment without recourse to rigorous measures.

Yours &c.,

W. Whitehead.

61.

ST. HELENS, 17th April 19 . .

Mr. W. Whitehead, London.

Sir,

I must tender my apologies for not having replied in course to your letters.

I have lately suffered severe and unforseen losses without any fault of my own, and these I was obliged to meet at the expense of my current engagements, or be prepared to face complete ruin.

In order to spare me the indignity of a County Court* action and its consequences, my brother-in-law, Mr. John G .Burrows, proprietor of the well known glass-manufacturing firm, has consented to go security and to put his name on my three months' promissory-note for the amount of your debt plus interest and expenses, say £ 25·3·6.

I trust the cover thus offered you will suffice and induce you to abandon the contemplated action at law. As soon as I am in receipt of your reply I shall forward the bill, and remain in the meantime.

Your most obedient servant,

John Walker.

* Amtsgericht.

62.

Emil Held, Braunschweig. Braunschweig, den 18. April 19..

Herrn Rudolf Reh, Wolfenbüttel.

Den mir soeben mit Ihrem Gestrigen eingeschrieben zugehenden Vorschlag bin ich unter folgenden Bedingungen anzunehmen bereit:

Sie senden mir umgehend ein 3 Monat-Akzept in Höhe des seit 15./12. v. J. offenen Fakturenbetrags von ℳ 496.75, zuzüglich Verzugszinsen bis zum Fälligkeitstag des Akzeptes und meiner Auslagen für Porti.

Dieses Akzept muß das Giro der Firma A. Falb & Co. in Helmstedt tragen und spätestens bis 22. d. M. in meinen Händen sein.

Achtungsvoll

Emil Held.

63.

Rudolf Reh, Wolfenbüttel. Wolfenbüttel, den 20. April 19..

Herrn Emil Held, Braunschweig.

Für das mir mit Ihrem Geehrten vom 18. d. M. gewährte Entgegenkommen spreche ich Ihnen meinen verbindlichsten Dank aus.

In der Anlage überreiche ich Ihnen mein Akzept von:

ℳ 512.70 per 20./7. d. J. mit Giro A. Falb & Co.

laut unten folgender Aufstellung.

Ich bitte um Empfangsbestätigung und Entlastungsanzeige.

Hochachtungsvoll

Rudolf Reh.

Fakturenbetrag per 15./12. v. J.	ℳ 496.75
Zinsen 15./12.—20./7. d. J., 215 Tage à 5% . . .	„ 14.85
Portoauslagen	„ 1.10
per 20./7. d. J.	ℳ 512.70

Einschreiben.

62.

WILLIAM WHITEHEAD.
LONDON.

LONDON, 18th April 19 . .

Mr. John Walker, St. Helens.

Dear Sir,

I accept the proposal made in your favour of 17th inst. subject to the following slight modification, viz.

The bill shall be drawn by you on Mr. Burrow's firm, accepted in the firm's name and endorsed by you to me.

It shall further be made out for £ 25·4·9 being the real amount of your debt at date including interest, as per enclosed statement.

Yours truly,

W. Whitehead.

Amount as per statement of 10th inst.	£ 24·17· 3
Return Commn. on c/o	„ — 1·—
Interest to Maturity of Bill	„ — 6·—
Bill stamp	„ — —· 6
	£ 25· 4· 9

63.

ST. HELENS, 20th April 19 . .

Mr. W. Whitehead, London.

Dear Sir,

I am obliged to you for acceding to my proposal and now enclose Messrs. John G. Burrows & Co's acceptance to my draft for £ 25·4·9 endorsed to you, and due 20th July, which I trust you will find in order.

Yours faithfully,

John Walker.

64.

Emil Held, Braunschweig. Braunschweig, den 21. April 19..

Herrn Rudolf Reh, Wolfenbüttel.

Ihrem Einschreibebrief, datiert vom 20. April d. J., entfaltete ich:

M 512.70 per 20./7. d. J., mit Giro A. Falb & Co.,

die ich, Eingang vorbehalten, zum Ausgleich meiner Rechnung vom 15. Oktober 19.. verwende.

Achtungsvoll

Emil Held.

64.

WILLIAM WHITEHEAD.
LONDON.

LONDON, 21st April . .

Mr. John Walker, St. Helens.

Dear Sir,

I have received your registered letter of 20th instant enclosing Messrs. Burrows & Co's acceptance, endorsed to me, and have passed the same to your credit under the usual reserve,

Yours truly,

Wm. Whitehead.

(N. B. Receipt-stamp not necessary in this case. No cash has passed.)

B. Das Bankgeschäft.

Da die Banken (Bankiers, Bankhäuser) den Geldverkehr vermitteln, das Geld aber der Wertmesser und zugleich das allgemeine Tauschmittel für alle übrigen Waren ist, so sind alle diejenigen, die das Handelsgewerbe betreiben, auf den Verkehr mit der Bank angewiesen.

Eigengeschäfte; Kommissionsgeschäfte. Der Bankier macht teils Geschäfte für eigene Rechnung (Propre-, Eigengeschäfte), teils handelt er im Auftrag und für Rechnung seiner Kommittenten (Kommissionsgeschäfte).

Kassaverkehr; Verrechnungsverkehr. Beschränkt sich der Verkehr zwischen Kommittent und Bankier auf einzelne Geschäfte, die sofort beglichen werden, so bezeichnet man diese Geschäfte als Einzel- oder Kassegeschäfte. Werden die Geschäfte nicht sofort beglichen, sondern gebucht oder verrechnet, so spricht man von Verrechnungsverkehr. Der Verrechnungsverkehr ist entweder Giroverkehr oder Kontokorrentverkehr.

Giroverkehr. Der Giroverkehr setzt ein ständiges Guthaben des Kunden auf dem für diesen Verkehr geführten Konto (Girokonto) voraus. Dem Girokonto werden bare Einlagen, die der Kontoinhaber für eigene Rechnung macht, oder die für seine Rechnung gemacht werden, sofort gutgeschrieben. Außerdem besorgt die Bank das Inkasso der ihr vom Kontoinhaber quittiert übergebenen Wechsel, Anweisungen, Rechnungen und sonstigen Wertpapiere für dessen Rechnung und schreibt ihm die Beträge nach Eingang gut.

Der Kontoinhaber kann jederzeit über sein Guthaben verfügen. Seine sämtlichen Abhebungen sowie alle bar oder durch Verrechnung für ihn eingehenden Beträge werden in ein Kontogegenbuch eingetragen. Die Girogelder werden von den Banken spesenfrei verwaltet, aber gewöhnlich nicht oder doch nur sehr niedrig verzinst. Der Giroverkehr ist ein reines Kassiergeschäft, Anlaß zu Briefwechsel ist selten gegeben.

Kontokorrentverkehr. Der Kontokorrentverkehr setzt ein ständiges Guthaben des Kontoinhabers nicht voraus, sondern dieser nimmt in der Regel den Kredit seines Bankiers in Anspruch.

Der Kredit heißt gedeckt (gedeckter Kredit, Realkredit), wenn der Bankier ein Unterpfand (Deckung) für seine Vorschüsse in Händen hat.

Der Kredit heißt ungedeckt (Blankokredit, Personalkredit), wenn der Bankier lediglich auf persönliches Vertrauen hin Vorschüsse gewährt.

Wird ein gedeckter oder ungedeckter Kredit in der Form gewährt, daß der Bankier die Wechsel akzeptiert, die der Kontoinhaber auf ihn zieht oder auf ihn ziehen läßt, so spricht man von Akzeptkredit.

Der Kontokorrentverkehr ist sehr mannigfaltig; gleichwohl kann ein großer Teil des Briefwechsels durch Formulare erledigt werden, da sich gewisse Geschäftsvorfälle ständig wiederholen.

Kaufleute, die nicht im Kontokorrentverkehr mit einem Bankier stehen, werden die Vermittelung eines solchen gleichwohl in Anspruch nehmen, wenn es sich handelt um

1. Begebung von Wechseln gegen Zinsenabzug, Diskontwechsel;
2. Vermittelung von Auszahlungen durch Wechsel, Kommissionsrimessen;
3. Vermittelung von Einziehungen durch Wechsel, Kommissionstratten;
4. Vermittelung bei Einlösung von Wechseln, Domizilwechsel;
5. Vermittelung im Notfall (Intervention), notleidende Wechsel.

B. Banking.

Money is the medium of exchange and measure of value for all other commodities. Bankers are the guardians and manipulators of the stock of money, and so almost every mercantile transaction closes with a corresponding banking transaction.

A banker may do business for his *own account* at a profit or loss; or he may act for others *on commission*, without any chance of loss or gain, other than the commission.

A banker's business consists chiefly in —

(a) Receiving money on *deposit account*, or *receipt*, from those who do not need it and paying them interest for its use.

(b) In *advancing* this money and his own to those customers who need it, by buying their bills at a *discount* or allowing thom loans at interest.

(c) In taking charge of customers' money on *account current* and paying it out again as directed by these.

All three types of transactions are often combined in a single account.

The chief functions of a bank are therefore:

1. Taking charge of the disposable funds of its clients,
   (a) on *deposit receipt* at varying rates of interest:
   (b) on *current account*, with or without interest.
2. Advancing funds to its clients or customers,
   (a) as a *loan* on securities lodged as cover or security,
   (b) as an *advance* or *overdraft* on current account (unsecured),
   (c) by *discounting* Bills of Exchange.
3. Acting as its clients' agent.
   (a) by paying its clients' debts to the person indicated by cheque on current account.
   (b) by collecting debts owing to its clients in the form of drafts, cheques, or bills lodged for "credit of account" or "remittance of proceeds".
   (c) by recognising debts on the part of its clients and *accepting bills* on their behalf.
   (d) by retiring (paying) bills accepted by its clients and *domiciliated* at the banker's office or that of his agents.
   (e) by rendering various services such as; (1) procuring acceptance of bills, (2) protesting dishonoured bills, (3) *intervening* in *case of need* to *take up* accept or pay unaccepted or unpaid bills, instead of the drawee or acceptor and on behalf of the drawer or an endorser.
4. Issuing to the Public its own promissory notes, or drafts on another bank as negotiable instruments of payment. (Banknotes, Bankers' drafts and Post Bills.)

None of these functions save the first (deposits) and the very last (Post Office Orders) are performed by the British Post Office.

(Continued page 222.)

Briefe im Bankgeschäft.

Diskontwechsel.

Bei Begebung von Wechseln vor ihrem Verfalltag (Diskontierung) werden die Zinsen (Diskont) für die noch verbleibende Laufzeit des Wechsels von der Wechselsumme gekürzt.

Die Bank, welcher Wechsel zur Diskontierung angeboten werden, kauft dieselben entweder für eigene Rechnung, oder sie vermittelt den Verkauf.

Werden einem Bankhaus Wechsel zur Diskontierung angeboten, so sind zur ordnungsgemäßen Erledigung des Geschäfts folgende drei Briefe erforderlich:

1. Der Wechselverkäufer an die Bank; Zusendung des Diskontwechsels.
2. Die Bank an den Wechselverkäufer; Übermittelung des Gegenwerts.
3. Der Wechselverkäufer an die Bank; Empfangsbestätigung.

65. Am 10. November 19.. übersendet C. Nestel, Ettlingen, an die Rheinische Kreditbank, Karlsruhe, einen Wechsel zur Diskontierung und bittet, ihm den Betrag durch Postanweisung zu übermitteln.

66. Am 12. November 19.. sendet die Rheinische Kreditbank den Wechselerlös unter Abrechnung an C. Nestel, Ettlingen.

67. Am 14. November 19.. bekennt sich C. Nestel, Ettlingen, zum Empfang des Geldes.

65.

Ettlingen, den 10. November 19..

Rheinische Kreditbank, Karlsruhe.

Anbei übersende ich Ihnen eingeschrieben:

ℳ 356.30 per 31. Januar n. J. auf A. Stieler, dort,

mit der Bitte, diesen Wechsel in Diskont zu nehmen und mir den Gegenwert durch Postanweisung zugehen zu lassen.

Hochachtungsvoll

C. Nestel.

Negotiation
of
A Bill of Exchange.

A bill (draft, promissory note acceptance) may be *collected* when due or *discounted* before *maturity.*

To discount a bill means to hand the amount to the holder (last endorser) after deducting interest (banker's discount) for the time the bill has still to run.

Such an isolated transaction involves three communications (1) *Holder* to *Banker* enclosing bill. (2) Banker to Holder enclosing statement and (possibly) proceeds. (3) Holder to Bank acknowledging receipt.

In practice, with the account holders of a bank, printed slips represent the first and second, and the third disappears entirely. as no remittance is made The amount being entered to his credit.

Précis.

65. 10th November 19 . . John Crossley Liverpool, sends bill for discount to Merchant Bank, Limited, London, and requests draft on N. York for proceeds.

66. 11th November 19 . . Merchant Bank Limited, enclose discount docket and draft.

67. 12th November 19 . . John Crossley acknowledges receipt.

65.

LIVERPOOL, 10th November 19 . .

Merchants' Bank. Ltd., London.

Gent^{n},

I enclose herewith acceptance of Colonial Storage Co. Ltd., for £ 560 due 4th January next, for discount and remittance of proceeds in draft on demand on Liverpool.

Yours faitfully,

John Crossley.

66.

Rheinische Kreditbank,
Karlsruhe.

Karlsruhe, den 12. November 19..

Herrn C. Nestel, Ettlingen.

Für den uns mit Ihrem Schreiben vom 10. d. M. übermittelten Wechsel:

ℳ 356.30 per 31./I. n. J.

übersenden wir Ihnen durch Postanweisung:

	ℳ	351.25,	welche Sie
zuzüglich	„	3.85	5% Diskont 78 Tage
	„	—.90	¼‰ Provision
	„	—.30	Porto
	ℳ	356.30	

zur Begleichung dieser Angelegenheit verwenden wollen.

Hochachtungsvoll
Wechselkasse
der
Rheinischen Kreditbank.
Lenz. Müller.

67.

Ettlingen, den 14. November 19..

Rheinische Kreditbank, Karlsruhe.

Die mir durch Postanweisung als Gegenwert für meine Rimesse übersandten:

ℳ	351.25	verwende ich zuzüglich
„	5.05	Diskont und Spesen
ℳ	356.30	

zu Ihrer Entlastung.

Hochachtungsvoll
C. Nestel.

66.

MERCHANTS' BANK OF LONDON LIMITED.

Mark Lane,

LONDON, E. C., 11th November 19 . .

Mr. John Crossley, Liverpool.

Dear Sir,

I have pleasure handing you herewith draft on demand on Liverpool, for £ 557·4·4 being proceeds of Bill discounted as per docket enclosed, less 1/_ p. c. commission on draft.

Yours truly,

J. H. Cranmer,

Manager.

66a.

678 MERCHANTS' BANK OF LONDON LIMITED.

Bills Discounted *11th November* 19 . .

For *John Crossley, Esq.*

SUM			DUE		DAYS	INTEREST		
560			*Jany.*	*4*	*54*	*2*	*9*	*8*
2	*9*	*8*						
£ 557	*10*	*4*						

67.

POST CARD.

LIVERPOOL, *12th November 19* . .

I have received your letter of *11th inst.* with enclosure as stated.

Yours faithfully,

J. Crossley.

(Address on Face of Card only.) *p. L. S.*

MERCHANTS' BANK, LTD.

Mark Lane,

LONDON, E. C.

Kommissionswechsel.

Soll eine Schuld außerhalb des Kontokorrentverkehrs durch Vermittlung eines dritten (Bankier oder Geschäftsfreund) durch Wechsel beglichen werden, so sind zur ordnungsgemäßen Erledigung der Remittierung und der Trassierung je sechs Briefe erforderlich.

Die Remittierung einem Bankhaus zu übertragen wird vorteilhaft sein, wenn demselben gleichzeitig Deckung durch Trassierung gewährt werden kann.

In diesem Falle beauftragt der Auftraggeber die Bank, Rimessen an seinen Gläubiger (Kommissionsrimessen) zu machen, und ermächtigt sie gleichzeitig, sich für den Rimessenbetrag auf einen seiner Schuldner durch Tratte (Kommissionstratte) zu erholen.

Kommissionsrimessen.

1. Der Schuldner an den Vermittler; Auftrag zu remittieren.
2. „ Schuldner „ „ Gläubiger; Rimessenavis.
3. „ Vermittler „ „ Gläubiger; Zusendung der Rimessen.
4. „ Vermittler „ „ Schuldner; Ausführungsanzeige (Antwort zu 1).
5. „ Gläubiger „ „ Vermittler; Empfangsanzeige (Antwort zu 3).
6. „ Gläubiger „ „ Schuldner; Gutschrift der Rimessen (Antwort zu 2).

Kommissionstratten.

1. Der Schuldner an den Gläubiger: Auftrag zu trassieren.
2. „ Schuldner „ „ Vermittler: Trattenavis.
3. „ Gläubiger „ „ Vermittler: Bitte um Inschutznahme.
4. „ Gläubiger „ „ Schuldner; Ausführungsanzeige (Antwort zu 1).
5. „ Vermittler „ „ Gläubiger: Zusage der Inschutznahme (Antwort zu 3).
6. „ Vermittler „ „ Schuldner; Belastung für die Trassierung (Antwort zu 2).

68. Am 2. Juli 19.. ersuchen Ritter & Co., Chemnitz, die Kreditbank, Leipzig, an Feller & Sohn, Bremen, rund 6000 Mark ca. 2 Monat laufende Rimessen zu machen.

69. In demselben Briefe weisen Ritter & Co., Chemnitz, die Kreditbank, Leipzig, an, sich unter Diskontberechnung auf Gebrüder Roth, Dresden, per ult. Juli für den Rimessenbetrag zu erholen.

70. Am 2. Juli 19.. verständigen Ritter & Co., Chemnitz, die Firma Feller & Sohn, Bremen, davon, daß ihr durch Kreditbank, Leipzig, Rimessen im Betrage von ca. 6000 Mark zugehen werden, und bitten um Gutschrift auf Einkaufskonto.

Drafts & Remittances for Account.

It is rare that an outside member of the public applies to a banker other thau his own to effect some transaction for him. The banker would only do so as a matter of courtesy, and if the person in question could prove he had no bank account and show good reason for making such a request.

The universal prevalence of this system in British inland banking renders it difficult — in some cases impossible — to give any equivalents for the letters contained in the German and French sections of this work.

Letters 68—79 reflect an exceptional transaction almost unknown to English Banking.

Remittance.

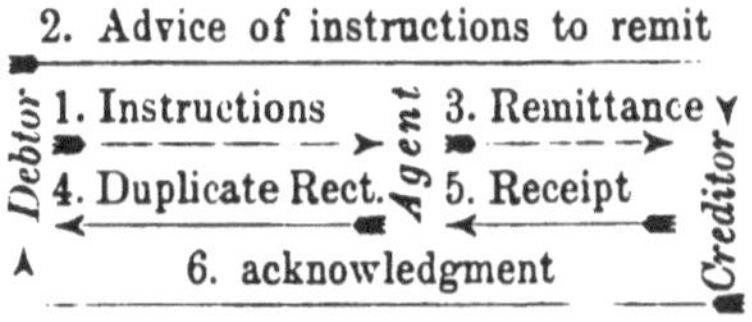

Draft.

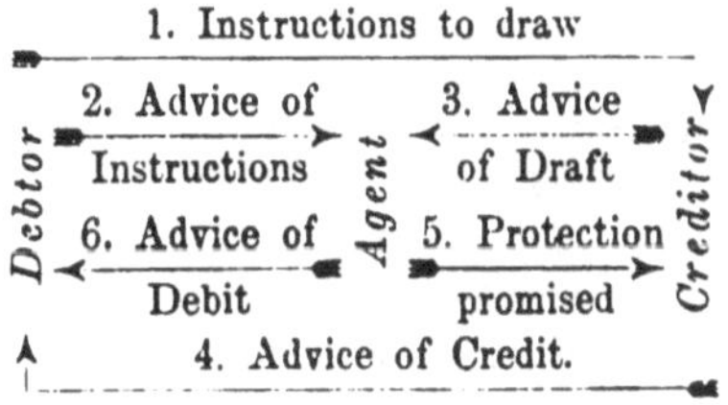

Précis.

68 69. 12th July 19 . . Henry Trowbridge, Bradford, writes to Löwenthal & Co., London, asking them to undertake payments for his a c on the continent and to draw for this account.

70. 12th July 19 . . H. Trowbridge acknowledges receipt of statement of a/c from H. Schwarz & Co., Crefeld, and advises remittance through Löwenthal & Co.

71. 12th July 19 . . H. Trowbridge encloses account to Gallet & Co., Paris, and advise draft by Löwenthal & Co.

72. 13th July 19 . . Löwenthal & Co. Remit to Schwarz & Co.

73. 13th July 19 . . Löwenthal advise draft on Gallet for a c Trowbridge.

71. Am 2. Juli 19.. verständigen Ritter & Co., Chemnitz, Gebrüder Roth, Dresden, davon, daß sie die Kreditbank ermächtigt haben, auf sie zu ziehen.

72. Am 3. Juli 19.. macht die Kreditbank, Leipzig, an Feller & Sohn, Bremen, Rimessen für Rechnung von Ritter & Co., Chemnitz.

73. Am 3. Juli 19.. benachrichtigt die Kreditbank, Leipzig, Gebrüder Roth, Dresden, davon, daß sie für Rechnung von Ritter & Co., Chemnitz, Tratte auf sie abgegeben habe.

74. Am 4. Juli 19.. erklären sich Gebrüder Roth, Dresden, der Kreditbank, Leipzig, gegenüber bereit, die auf sie abgegebenen Kommissionstratten zu honorieren.

75. Am 4. Juli 19.. erklären sich Gebrüder Roth, Dresden, der Firma Ritter & Co., Chemnitz, gegenüber bereit, die von der Kreditbank, Leipzig, ausgeschriebene Tratte zu schützen.

76. Am 5. Juli 19.. bestätigen Feller & Sohn, Bremen, der Kreditbank, Leipzig, den Empfang der Kommissionsrimessen.

77. Am 5. Juli 19.. zeigen Feller & Sohn, Bremen, Ritter & Co., Chemnitz, an, daß sie ihnen die von der Kreditbank, Leipzig, übersandten Rimessen per Verfall auf Einkaufskonto gutgeschrieben haben.

78. Am 5. Juli 19.. übersendet die Kreditbank, Leipzig, an Ritter & Co., Chemnitz, Abrechnung über die nach Bremen gemachten Rimessen.

79. In demselben Brief zeigt die Kreditbank, Leipzig, Ritter & Co., Chemnitz, an, daß sie sich auftragsgemäß für den Betrag ihrer Rimessen auf Gebrüder Roth, Dresden, erholt hat.

68. 69.

Ritter & Co.
Spinnerei und Weberei,
Chemnitz.

Chemnitz, den 2. Juli 19..

Kreditbank, Leipzig.

Hierdurch ersuchen wir Sie, für unsere Rechnung an die Firma Feller & Sohn, Bremen, Schüsselkorbstr. 12, Rimessen mit ca. zwei Monaten Laufzeit im annähernden Betrag von

ℳ 6000, i. W. Sechs Tausend Mark

zu machen.

Für den Gegenwert belieben Sie sich unter Abrechnung auf die Herren Gebrüder Roth, Dresden, per ult. Juli zu erholen.

Hochachtungsvoll

Ritter & Co.

74. 14th July 19 . . Gallet & Co., Paris, promise protection to Löwenthal's draft.
75. 14th July 19 . . Gallet & Co. promise protection to Trowbridge.
76. 14th July. 19 . . Schwarz acknowledges receipt of remittance.
77. 14th Juli 19 . . Schwarz advises Trowbridge of above.
78/79. 13th July 19 . . Löwenthal to Trowbridge advising execution and enclosing statement.

68/69.

BRADFORD, 12th July 19 . .

Messrs. Löwenthal & Co., Foreign Bankers,
Old Broad Street, London.

Gentn,

As I have frequently to make large purchases of dye-stuffs in Germany and am consequently under the necessity of remitting considerable sums to that country, I should like to find a more advantageous method of doing so than the purchase of drafts from my local banker, who charges what seems to me an unduly high commission for the service. I should therefore be glad you would effect such remittances at the prevailing market rates.

I enclose draft on London for £ 300, would thank you to remit proceeds to Messrs. Schwarz & Co., Krefeld, as also proceeds of draft for £ 84·0·10 which I hereby authorise you to draw on Messrs. Gallet & Co., Rue Duphot, Paris.

I am, Gentlemen,

Yours faithfully,

Henry Trowbridge.

70.

Ritter & Co.
Spinnerei und Weberei,
Chemnitz.

Chemnitz, den 2 Juli 19..

Herren Feller & Sohn, Bremen.

Im Verfolge unseres gestrigen Schreibens teilen wir Ihnen ergebenst mit, daß wir die Kreditbank, Leipzig, beauftragten, Ihnen mittelsichtige Rimessen im Betrage von ca. 6000 ℳ zugehen zu lassen.

Wir bitten, diese Anschaffung unserem Einkaufskonto wie üblich gutzubringen, und zeichnen

hochachtungsvoll

Ritter & Co.

71.

Ritter & Co.
Spinnerei und Weberei,
Chemnitz.

Chemnitz, den 2. Juli 19..

Herren Gebrüder Roth, Dresden.

Ihr gestriges Schreiben überbrachte uns Rechnungsauszug per ult. Juni, dessen Saldo wir gleichförmig mit:

ℳ 9530,— zu unseren Gunsten

vortrugen.

Heute ermächtigen wir Kreditbank, Leipzig, ca. 6000 ℳ per ult. Juli auf Sie abzugeben, die Sie gefl. bei Vorkommen zu Lasten unserer Rechnung honorieren wollen.

Hochachtungsvoll

Ritter & Co.

70.

HENRY TROWBRIDGE.
BRADFORD.
(Yorks.)

BRADFORD, 12th July 19 . .

Messrs. Heinrich Schwarz & Co., Krefeld, Germany.

Dear Sirs,

I duly received your statement of a/c up till 30th ult. showing balance of 8312 Marks to my debit. I have instructed Messrs. Löwenthal & Co., London, to remit you 6000 Marks or thereabout forthwith for my a/c; the balance will follow at an early date.

Yours truly,

H. Trowbridge.

71.

HENRY TROWBRIDGE.
BRADFORD.
(Yorks.)

BRADFORD, 12th July 19 . .

Messrs. Gallet & Co., Paris.

Gentlemen,

I write you yesterday enclosing statement of account showing balance of £ 84·0·10 to our credit.

We have to-day authorised Messrs. Löwenthal & Co., London, to dispose of a bill on you for that amount and to credit us with proceeds.

Yours truly,

H. Trowbridge.

72.

Kreditbank, Leipzig. Leipzig, den 3. Juli 19 . .

Herren Feller & Sohn, Bremen.

Im Auftrag und für Rechnung der Herren Ritter & Co., Chemnitz, überreichen wir Ihnen anbei:

ℳ 3615.30 per 25. August d. J., auf Wolf & Co., dort,
„ 2352.70 „ 31. „ „ „ „ Fr. Härtel, dort,

mit der Bitte, uns den Empfang zu bestätigen.

Hochachtungsvoll

p. pa. Kreditbank
L. Kühn. H. Krause.

73.

Kreditbank, Leipzig. Leipzig, den 3. Juli 19 . .

Herren Gebrüder Roth, Dresden.

Auf Veranlassung der Herren Ritter & Co., Chemnitz, erlauben wir uns, heute auf Sie:

ℳ 5954.90 per 31. Juli d. J., O/E.

abzugeben.

Wir bitten, diese Tratte bei Vorkommen zu Lasten der obengenannten Firma zu honorieren.

Hochachtungsvoll

p. pa. Kreditbank
L. Kühn. H. Krause.

72.

LÖWENTHAL & CO.
Bankers.
LONDON.

LONDON, 13th July 19 . .

Messrs. H. Schwarz & Co., Krefeld, Germany.

Gentlemen,

We have pleasure in handing you herewith, by order and for a/c of Messrs. H. Trowbridge, Bradford,

Bill 7/d/d on Cologne, for 7800 Marks,

of which please to acknowledge receipt.

Yours faithfully,

Löwenthal & Co.

73.

LÖWENTHAL & CO.
Bankers.
LONDON.

LONDON, 13th July 19 . .

Messrs. Gallet & Cie, Rue Duphot, Paris.

Gentlemen,

We have this day drawn on you by order and for a/c Mr. Henry Trowbridge, Bradford, for 2120 Francs @ sight, and beg to recommend our draft to your kind protection.

We are, Gentlemen,

Yours faithfully,

Löwenthal & Co.

74.

Gebrüder Roth,
Kommission u. Spedition.
Dresden.

Dresden, den 4. Juli 19..

Kreditbank, Leipzig.

Die mit Ihrem geehrten gestrigen Schreiben avisierte Tratte:

ℳ 5954.90 per 31. Juli d. J.

werden wir bei Vorkommen zu Lasten der Herren Ritter & Co., Chemnitz, honorieren.

Hochachtungsvoll
Gebrüder Roth.

75.

Gebrüder Roth,
Kommission u. Spedition.
Dresden.

Dresden, den 4. Juli 19..

Herren Ritter & Co., Chemnitz.

Wir besitzen Ihr geschätztes Schreiben vom 2. d. M.
In Übereinstimmung damit zeigt uns Kreditbank, Leipzig, soeben an, daß sie

ℳ 5954.90 per ult. Juli

auf uns abgegeben hat.
Wir werden diese Tratte bei Verfall zu Ihren Lasten einlösen.

Hochachtungsvoll
Gebrüder Roth.

76.

Feller & Sohn,
Export und Import.

Bremen, den 5. Juli 19..

Kreditbank, Leipzig.

Ihrem Schreiben vom 3. d. M. entfalteten wir:

ℳ 3615.30 per 25. VIII. d. J.
„ 2352.70 „ 31. VIII. d. J.

hier, welche wir zugunsten der Firma Ritter & Co., Chemnitz, verwenden.

Hochachtungsvoll
Feller & Sohn.

74.

GALLET & CO.
English Outfitters.
120, Rue Duphot.

PARIS, 14th July 19 . .

Messrs. Löwenthal & Co., London.

Gentn,

I note that you have drawn on us for Frs. 2120 for a/c Messrs. Trowbridge & Co., and shall duly honour your signature on presentation.

Yours truly,

Gallet & Co.

75.

GALLET & CO.
English Outfitters.
120, Rue Duphot.

PARIS, 14th July 19 . .

Mr. H. Trowbridge, Bradford, England.

Dear Sir,

I note that you have instructed Messrs. Löwenthal & Co. to draw on us for the amount of your account received yesterday. We shall honour the draft on presentation but would point out that you had promised us a reduction of 5% as the suitings were not precisely what we ordered. This will leave a balance of £ 4·4/– to your debit.

Yours faithfully,

Gallet & Co.

76.

SCHWARZ & CO.
Chemische Fabrik.

CREFELD, 14th July 19 . .

Messrs. Löwenthal & Co., London.

Dear Sirs,

We have received your remittance of 7800 Marks and passed same to credit of Mr. H. Trowbridge, Bradford.

Yours &c.,

Schwarz & Co.

77.

Feller & Sohn,
Export und Import.

Bremen, den 5. Juli 19..

Herren Ritter & Co., Chemnitz i. S.

Wir besitzen Ihr Schreiben vom 2. d. M. und erhielten soeben von der Kreditbank, Leipzig, die darin avisierten Rimessen:

ℳ 3615.30 Val. 25. August d. J.,
ℳ 2352.70 Val. 31. August d. J.,

welche wir wie vorstehend Ihrem Einkaufskonto E. V. gutschrieben.

Hochachtungsvoll
Feller & Sohn.

78. 79.

Kreditbank, Leipzig.

Leipzig, den 5. Juli 19..

Herren Ritter & Co., Chemnitz i. S.

In Ausführung Ihres geschätzten Auftrags vom 2. d. M. haben wir für Sie an die Herren Feller & Sohn, Bremen:

ℳ 3615.30 per 25. August }
„ 2352.70 per 31. August } Bremen

angeschafft und belasten Sie hierfür laut untenstehender Abrechnung mit:

ℳ 5928.45 per 3. Juli d. J.

Zum Ausgleich dieser Forderung entnahmen wir aufgabegemäß auf die Herren Gebrüder Roth, Dresden:

ℳ 5954.90 per 31. Juli d. J.,

wofür wir Sie wie untenstehend mit:

ℳ 5928.45 per 3. Juli d. J.

erkannten.

Stets gern zu Ihren Diensten zeichnen wir

hochachtungsvoll
p. pa. Kreditbank
L. Kühn. H. Krause.

77.

SCHWARZ & CO.
Chemische Fabrik.

CREFELD, 14th July 19 . .

Mr. H. Trowbridge, Bradford, Yorks.

Dear Sir,

We have to-day received from Messrs. Löwenthal & Co., London, for your a/c a Dft. on Berlin for Mk. 7800, leaving now a balance of Mk. 512 to your debit, for which we request an early remittance.

Yours truly,

Heinrich Schwarz & Co.

78/79.

Old Broad Street,
LONDON E. C., 13th July 19 . .

Mr. Henry Trowbridge, Bradford, Yorks.

Dear Sir,

As instructed in your favour of yesterday We have drawn on Messrs. Gallet Paris for 2120 Francs and remitted proceeds as per note at foot of present to Messrs. Schwarz & Co., Crefeld, together with proceeds of your draft on Glyn & Co. for £ 300. We enclose cheque for £ 1·16·8.

We remain, Gentlemen,

Yours faithfully,

Löwenthal & Co.

Rechnung.

Guthaben.

Tratte auf Dresden:

ℳ	5954.90	per 31./7.,
./. „	23.45	Diskont 27 Tage, $5\frac{1}{4}$ %.
ℳ	5931.45	
„	3.—	Stempel
ℳ	5928.45	Val. 3./7.

Schuld.

Rimessen nach Bremen:

				Tage	Nr.
ℳ	3615.30	per	25./8.	52	1880
„	2352.70	„	31./8.	57	1341
ℳ	5968.—				3221
./. „	47.—	$5\frac{1}{4}$ % Diskont.			
ℳ	5921.—				
„	7.45	$\frac{1}{8}$ % Provision von ℳ 5968,—			
ℳ	5928.45	Val. 3./7.			

LÖWENTHAL & CO., BANKERS & BILL-BROKERS.

Sold for account Mr. *H. Trowbridge.*				
Draft on London			£ 300	
d/d „ Paris Fr. 2120 @ 25221/2	£	84· 0·10		
Less Commn.	„	2· 2		
			„	83·18·8
			£	383·18·8
Bought 7/d Bill on Cologne ℳ 7800	£	381·12· 0		
Commn.	„	10	„	382· 2·0
Cheque herewith			£	1·16·8

Domizilwechsel.

Für die Begebbarkeit eines Wechsels ist es wichtig, daß derselbe an einem größeren Platze, womöglich an einem Bankplatz zahlbar gestellt ist.

Bei Wechseln, welche auf kleinere Plätze lauten, wird deshalb häufig ein Bankhaus an einem größeren Platze als Zahlstelle (Domizil) vorgeschrieben.

Die Domizilierung von Wechseln außerhalb des Kontokorrentverkehrs erfordert zur ordnungsgemäßen Erledigung folgende sechs Briefe:

1. Der Domiziliant an den Domiziliaten; Anfrage über Domizilbedingungen.
2. „ Domiziliat an den Domizilianten; Angabe der Domizilbedingungen;
3. „ Domiziliant an den Domiziliaten; Avis des Domizilwechsels;
4. „ Domiziliat an den Domizilianten; Bitte um rechtzeitige Deckung;
5. „ Domiziliant an den Domiziliaten; Zusendung der Deckung;
6. „ Domiziliat an den Domizilianten; Rücksendung des quittierten Wechsels.

80. Am 2. Juni 19.. fragt Joseph Braun, Spandau, bei dem Bankhaus Lang & Co., Berlin, an, zu welchen Bedingungen es bereit sein würde, ihm die Domizilierung seiner Wechsel zu gestatten.

81. Am 3. Juni 19.. teilen Lang & Co., Berlin, der Firma Joseph Braun, Spandau, ihre Bedingungen für die Domizilierung mit.

82. Am 12. Juni 19.. zeigt Joseph Braun, Spandau, der Firma Lang & Co., Berlin, an, daß er eine von Paul Herz, Potsdam, per 10. Oktober auf ihn abgegebene Tratte mit Akzept versehen bei ihnen, Lang & Co., Berlin, domiziliert habe.

83. Am 13. Juni 19.. erwidern die Domiziliaten, daß sie von der Domizilierung Kenntnis genommen haben, und bitten um rechtzeitige Anschaffung.

84. Am 7. Oktober 19.. übersendet der Akzeptant dem Domiziliaten Deckung.

85. Am 10. Oktober 19.. bekennen sich die Domiziliaten zum Empfang der Barsendung und überreichen das eingelöste Akzept.

80.

Joseph Braun,
Kolonialwaren und
Landesprodukte.

Spandau, den 2. Juni 19..

Herren Lang & Co., Berlin.

Ich bitte, mir umgehend mitzuteilen, zu welchen Bedingungen Sie mir gestatten würden, meine Akzepte bei Ihnen zu domizilieren.

Deckung würde ich Ihnen stets rechtzeitig zugehen lassen.

Hochachtungsvoll

Joseph Braun.

Domiciliation of Bills.

The negotiation of a bill is facilitated by its being accepted payable at a great banking centre, and therefore a large number of provincial merchants accept their bills in the capital, generally at the office of their local bankers' London agent. As a rule there is no occasion for correspondence.

Précis.

80. 2nd June 19 . . John Crossley, Liverpool, writes to the manager of the City Bank to inquire on what terms the bank retires bills domiciled at their London agents.

81. Same date, the bank replies stating terms.

82. 12th June 19 . . Crossley sends note of draft to be retired.

Acceptance for account another.

This type of transaction is exceedingly frequent in connection with goods imported from abroad. It has been substituted for the letters 83 to 85 of the German which can have no parallels in English.

83. 7th October 19 . . J. Crossley inquires of the City Bank whether they will accept bills drawn for his account against Bill of Lading and other shipping documents (so-called Documentary Bills).

84. Same date, the City Bank reply in the affirmative.

85. „ „ Letter of advice from Gordon Grey & Co. to City Bank.

80.

JOHN CROSSLEY.
LIVERPOOL.

LIVERPOOL, 2nd June 19 . .

The Manager, City Bank, Ld., Liverpool.

Dear Sir,

I should be glad to know on what terms you retire bills accepted payable at your London agents'.

Yours truly,

John Crossley.

81.

Bank- und Wechselgeschäft
Lang & Co., Berlin W.,
Kanonier-Str. 2.
Reichsbank-Girokonto.
Telegrammadresse: Langbank.

Berlin, den 3. Juni 19..

Herrn Joseph Braun, Spandau.

Im Besitz Ihrer gestrigen Anfrage erklären wir uns gern damit einverstanden, daß Sie Ihre Akzepte bei uns zahlbar stellen.

Wir würden Ihnen 1/4 % Domizilprovision sowie Selbstauslagen berechnen, wobei wir voraussetzen, daß uns Deckung spätestens zwei Tage vor Verfall zugeht.

Hochachtungsvoll

p. pa. Lang & Co.
E. Frey.

82.

Joseph Braun,
Kolonialwaren und
Landesprodukte.

Spandau, den 12. Juni 19..

Herren Lang & Co., Berlin.

Unter Bezugnahme auf Ihr gefl. Schreiben vom 3. d. M. zeige ich Ihnen an, daß ich mir heute gestattete, mein Akzept:

ℳ 645.30 per 10./10. d. J., ausgestellt von Paul Herz, Potsdam,

bei Ihnen zu domizilieren.

Ich bitte, hiervon gefl. Vormerkung zu nehmen. Deckung werde ich Ihnen prompt zugehen lassen.

Hochachtungsvoll

Joseph Braun.

83.

Bank- und Wechselgeschäft
Lang & Co., Berlin W.,
Kanonier-Str. 2.
Reichsbank-Girokonto.
Telegrammadresse: Langbank.

Berlin, den 13. Juni 19..

Herrn Joseph Braun, Spandau.

Ihr gestriges Schreiben ist in unseren Händen. Wir bemerkten uns, daß Sie:

ℳ 645.30 per 10./10. d. J., Aussteller Paul Herz, Potsdam,

bei uns domiziliert haben, und sehen rechtzeitiger Anschaffung gern entgegen.

Hochachtungsvoll

p. pa. Lang & Co.
E. Frey.

81.

CITY BANK.
LIVERPOOL.

LIVERPOOL, 2nd June 19 . .

Dear Sir,

In reply to your inquiry, I have to inform you that the Bank retires its customers' bills without further charge than the $^1/_8$% commission usually reckoned on payments for a/c. We must of course be put in funds in ample time to effect the retirement.

I am, Dear Sir,

M. J. Crossley,

Liverpool.

Yours faithfully,

W. W. Jones,

Acct.

82.

ADVICE OF BILLS TO BE RETIRED.

ACCEPTANCES PAYABLE AT THE LONDON & WESTMINSTER BANK, LONDON.

Acceptor	Drawer	When Due		Amount		
J. Crossley	*C. Smith & Co.*	*July*	*1st*	*£ 3275*	*5*	*6*
Do	*Pester Dampfmühle Actiengesellschaft.*	„	*10th*	*„ 2500*	*5*	*6*

To the City Bank Liverpool, 12th June 19 . . *John Crossley.*

83.

JOHN CROSSLEY.
LIVERPOOL.

LIVERPOOL. 7th October 19 . .

The Manager. City Bank, Ld., Liverpool.

Dear Sir,

I have just made a large purchase of American flour, but the seller informs me by cable that his bankers make some difficulty about negotiating his draft on me, who am entirely unknown to them. I should therefore be

84.

Joseph Braun,
Kolonialwaren und
Landesprodukte.

Spandau, den 7. Oktober 19..

Herren Lang & Co., Berlin.

Ich beziehe mich auf mein Schreiben vom 12. Juni d. J. und überreiche Ihnen beigeschlossen zur Deckung meines Akzeptes:

ℳ	645.30	per 10. Oktober d. J.,
„	2.70	Provision und Porti
ℳ	648.—	in Banknoten und Briefmarken

mit der Bitte, mir das eingelöste Papier eingeschrieben zusenden zu wollen.

Hochachtungsvoll
Joseph Braun.

85.

Bank- und Wechselgeschäft
Lang & Co., Berlin W.,
Kanonier-Str. 2.
Reichsbank-Girokonto.
Telegrammadresse: Langbank.

Berlin, den 10. Oktober 19..

Herrn Joseph Braun, Spandau.

Wir erhielten rechtzeitig Ihre Sendung vom 7. d. M., die wir aufgabegemäß mit:

ℳ	645.30	zur Einlösung Ihres Akzepts,
„	2.70	Provision und Porti
ℳ	648.—	zum Ausgleich dieses Geschäfts

verwendeten.

Die eingelöste Tratte legen wir bei und zeichnen hochachtungsvoll

Einschreiben.

p. pa. Lang & Co.
E. Frey.

exceedingly obliged if you would allow the draft to be made out on you and accept same on presentation. The bill would of course be accompanied by B/L and Certificate of Insurance, and would be drawn well within the market value of the goods; 20% at least. It would amount to about £ 4500, and as by the arrival of documents, I should have a considerable sum at my credit, I should be in a position to take up the bill under rebate without exceeding the over-draft you have already been good enough to accord me.

I am, Dear Sir,

Yours faitfully,

John Crossley.

84.

CITY BANK, LIMITED. LIVERPOOL. LIVERPOOL, 7th October 19 . .

John Crossley, Esq., Liverpool.

Dear Sir,

I have received your letter of to-day and under the circumstances I see no objection to accepting the draft in question.

Yours truly,

W. W. Jones Manager.

85.

GORDON SMITH & COMPANY. NEW YORK. NEW YORK, 7th October 19 . .

The Manager, City Bank, Ld., Liverpool.

Dear Sir,

We have drawn upon you to-day in accordance with cabled instructions 60*d/St* for £ 4277·8·3 by order and for account of Mr. John Crossley of your town, against B/L & all necessary documents relating to consignment of wheat per S. S. "Seafarer".

Yours truly,

G. Smith & Co.

Translation of expressions in German letters 80—85.

Umgehend, by return — Deckung, cover — rechtzeitig, in due time — einverstanden, prepared to allow — Domizilprovision, commission — Selbstauslagen, disbursements — voraussetzen, assume — Vormerkung nehmen, note — Anschaffung, funds — eingelöst, retired — eingeschrieben, registered — aufgabegemäß, conformably to your instructions.

Wechsel zur Annahme; Notadresse.

Die Intervention wird durch einen Vermerk auf dem Wechsel vorgesehen, den man „Notadresse" nennt.

Verweigert der Wechselschuldner die Zahlung, so muß der Wechsel protestiert und dem Honoranten vorgelegt werden, der ihn für Rechnung des Ausstellers der Notadresse einlöst und gegen seine Zahlung nebst der Protesturkunde in Empfang nimmt.

86. Am 5. Juli 19.. übersendet Ferdinand Wild, Klingmühl, an das Bankhaus Beck & Co., Cottbus, einen Wechsel zur Einziehung.

87. Am 10. Juli 19.. übersenden Beck & Co., Cottbus, den Gegenwert durch Postanweisung an Ferdinand Wild, Klingmühl.

88. Am 16. Juli 19.. bekennt sich Ferdinand Wild, Klingmühl, zum Empfang des Geldes. Gleichzeitig sendet er an Beck & Co., Cottbus, einen Wechsel zur Besorgung der Annahme. Protest soll unterbleiben; Auskunft über den Bezogenen wird erbeten.

89. Am 18. Juli 19.. senden Beck & Co., Cottbus, den mit Annahme versehenen Wechsel zurück und erteilen Auskunft über den Bezogenen.

90. Am 20. Juli 19.. dankt Ferdinand Wild, Klingmühl, für die Auskunft und bittet Beck & Co., Cottbus, im Notfall zu Ehren seiner Firma zu intervenieren.

91. Am 21. Juli 19.. übersenden Beck & Co., Cottbus, ihre Bedingungen für den Fall der Intervention.

92. Am 16. Oktober 19.. teilen Beck & Co., Cottbus, ihrem Auftraggeber mit, daß der Bezogene Zahlung nicht geleistet hat.

93. Am 18. Oktober 19.. benachrichtigen Beck & Co., Cottbus, durch Einschreibebrief Ferdinand Wild, Klingmühl, daß der Wechsel mangels Zahlung protestiert worden ist. Sie legen Rückrechnung bei.

94. Am 20. Oktober 19.. übersendet Ferdinand Wild, Klingmühl, an Beck & Co., Cottbus, den Betrag der Rückrechnung.

86.

Ferdinand Wild,
Klingmühl N. L.

Klingmühl, den 5. Juli 19..

Herren Beck & Co., Cottbus.

In der Anlage überreiche ich Ihnen:

M 330.65 per 10. d. M. a/W. Frank, dort,

mit der Bitte, den Betrag einziehen und mir abzüglich Provision und Spesen durch Postanweisung zusenden zu wollen.

Im Falle der Nichteinlösung des Wechsels bitte ich von Protesterhebung abzusehen.

Hochachtungsvoll

Ferdinand Wild.

Einschreiben.
1 Tratte.

Bills sent for Collection, for Acceptance. Intervention in Case of Need.

The intervention in case of need is generally provided for by writing at the top or bottom of the bill "In need with Messrs. So. & So." If the drawee fails to accept or pay the bill, the holder has it protested by a notary public and then hands it with protest to the "address in case of need", who takes it up for account of the endorser whom he represents.

Précis.

86. 5th July 19 . . The Royal National Bank enclose bill to to Commercial Bank of Liverpool, for collection and remittance of proceeds to London Agents.

87. The Commercial Bank of Liverpool advise payment of the proceeds to the Royal National Bank's London agents.

88. 16th July 19 . . The Royal National Bank send the Commercial Bank of Liverpool a bill for acceptance and return. They also inquire respecting the solvency and reputation of the drawees.

89. 18th July 19 . . The Commercial Bank of Liverpool return the bill accepted and report on the business standing of the acceptors.

90. 20th July 19 . . Woods, King & Co., Halifax, Nova Scotia, advise Garron & Granby, Liverpool, that they have takon the liberty of putting the latter's name as case of need on a bill and request their intervention in case of non-acceptance.

91. 30th July 19 . . Garron & Granby declare themselves prepared to take up the bill on certain terms.

92. 16th October 19 . . Garron & Granby advise Woods, King & Co., that the latter's bill on Sproule & M'Donald has not been paid.

93. 19th October 19 . . Garron & Granby return the unpaid bill with Re-draft and Re-account.

94. 28th October 19 . . Woods, King & Co. acknowledge receipt of unpaid bill & promise protection of Re-draft.

86.

ROYAL NATIONAL BANK, LTD.,
DUBLIN, 5th July 19 . .

To Commercial Bank of Liverpool, Liverpool.

Gentn,

I enclose sundries as noted below for favour of collection and remittance of proceeds to Messrs. Barclay Bevan & Co., London.

Yours faithfully,

W. O'Brien,
Manager.

87.

Beck & Co.,
Cottbus.

Cottbus, den 10. Juli 19..

Herrn Ferdinand Wild, Klingmühl.

Als Gegenwert des uns mit Ihrem Geehrten vom 5. d. M. zugegangenen Wechsels:

ℳ 330.65

überreichen wir Ihnen durch Postanweisung:

ℳ 329.50, die Sie
zuzüglich „ 1.15 Provision und Porti

zu unserer Entlastung verwenden wollen.

Hochachtungsvoll

Beck & Co.

88.

Ferdinand Wild,
Klingmühl N. L.

Klingmühl, den 16. Juli 19..

Herren Beck & Co., Cottbus.

Ich bestätige den Empfang Ihres Geehrten vom 10. d. M. und den Eingang der darin avisierten Geldsendung, die ich gleichlautend verbuchte.

Beigeschlossen überreiche ich Ihnen:

ℳ 646.25 per 15. Oktober d. J. a/W. Frank, dort,

mit der Bitte, das Papier zum Akzept vorzulegen und mit der Unterschrift des Bezogenen an mich zurückgelangen zu lassen.

Sollte der Bezogene die Annahme verweigern, so bitte ich um Rücksendung ohne Protest.

Sehr angenehm wäre es mir, genau über diese Firma, von der mir weitere größere Bestellungen vorliegen, unterrichtet zu sein. Sie haben wohl die Güte, mich recht bald wissen zu lassen, wie es um Geschäftsführung und Kreditwürdigkeit des Inhabers steht. Meiner Verschwiegenheit wollen Sie sich versichert halten.

Hochachtungsvoll

Ferdinand Wild.

Bills	due 7th July,	£ 330·6·5	on Jones & Co.
" Cheques	" ..	" 50·0·0	" ., Yourselves.
" Total	" "	£ 380·6·5	"

87.

COMMERCIAL BANK OF LIVERPOOL, LTD.
LIVERPOOL, 7th July 1906.

To the Royal National Bank, Dublin.

Gentn,

The Bill, Jones £ 330·6·5, due to-day has been paid and proceeds accounted for to your London agents.

R. T. Strong.
Manager.

88.

ROYAL NATIONAL BANK, LTD,
DUBLIN. 16th July 19 . .

To the Manager, Commercial Bank of Liverpool, Ltd.

Dear Sir,

I enclose Bill,

Mc Guiness & Porter on Gregory & Co. £ 646·5,

of which kindly procure acceptance, returning same to me without protest in case of refusal to accept.

I should be obliged for your opinion of the respectability and solvency of the drawees and their reliability in the way of business to the extent of £ 1000. We make this enquiry at the request of the drawers to whom the firm in question have addressed large orders for goods on credit, and who would of course make the most discreet use of any information afforded them.

I am, Dear Sir,
Yours faithfully,
W. O'Brien,
Manager.

89.

Beck & Co.,
Cottbus.

Cottbus, den 18. Juli 19 . .

Herrn Ferdinand Wild, Klingmühl.

Die uns mit Ihrem vorgestrigen Schreiben übersandte Tratte von:

ℳ 646.25 per 15. Oktober d. J. a/W. Frank, hier,

geben wir Ihnen eingeschrieben mit der Unterschrift des Bezogenen versehen wieder zurück und bitten um Entlastung.

Für unsere Mühewaltung wollen Sie uns ℳ 1.— gutschreiben.

Bezüglich der gewünschten Auskunft teilen wir Ihnen zu diskreter Benutzung und ohne jedes Obligo unsererseits mit, daß die Firma eifrigst bestrebt ist, ihren Umsatz zu erhöhen.

Ob der Inhaber derselben dabei stets die nötige Vorsicht walten läßt, entzieht sich unserer Beurteilung.

Da wir auch die ihm zu Gebote stehenden Mittel, die von mehreren Seiten als unzulänglich bezeichnet werden, nicht kennen, so müssen wir es Ihrem Ermessen ganz anheimstellen, wie weit Sie den geforderten Kredit ausdehnen wollen.

Hochachtungsvoll

Beck & Co.

Einschreiben.
1 Akzept.

90.

Ferdinand Wild,
Klingmühl N. L.

Klingmühl, den 20. Juli 19 . .

Herren Beck & Co., Cottbus.

Ich erhalte soeben Ihren Brief vom 18. d. M. nebst Einlage von:

ℳ 646.25 per 15. Oktober d. J. a/W. Frank, dort.

Beiliegend ℳ 1.— in Briefmarken zu meiner Entlastung.

Gleichzeitig danke ich Ihnen verbindlichst für die erteilte Auskunft, die mir sehr wertvoll ist.

Auf meine unbedingte Verschwiegenheit dürfen Sie zählen.

Der Vorsicht halber möchte ich bitten, mir zu gestatten, daß ich das obenerwähnte Akzept für den Notfall mit Ihrer werten Adresse versehe.

Sie teilen mir wohl gleichzeitig mit, ob Sie auch in anderen Fällen bereit sein würden, zu Ehren meiner wechselmäßigen Unterschriften zu intervenieren.

Ich sehe Ihrer gefl. Rückäußerung gern entgegen und zeichne

hochachtungsvoll

Ferdinand Wild.

ℳ 1.— Briefmarken

89.

COMMERCIAL BANK OF LIVERPOOL, LTD.,
LIVERPOOL, 18th July 19 . .

To the Royal National Bank, Ltd., Dublin.

Dear Sir,

I enclose accepted

Mc Guiness & Porter on Gregory & Co., £ 646 · 5/-

We learn from a reliable source that the sole partner in the above house is making every effort to enlarge his business. Our informant is not quite convinced that he uses adequate caution in incurring new liabilities, or that the means at his disposal will enable him to continue such large transactions. Your clients should therefore exercise great prudence in allowing him any further credit.

This communication is strictly private and confidential and without prejudice to this Bank or the writer.

Yours truly,

R. T. Strong,
Manager.

90.

HALIFAX, N. S., 20th July 19 . .

Messrs. Garron & Granby, Exchange Buildings, Liverpool.

Gentn,

I have taken the liberty of putting your name as case of need on a bill for £ 850 on Sproule & Mc Donald in your City. I trust that in view of our long and intimate business relations you will have no objection to render me this service. You will run no risk whatever, as all the bills I draw are documentary and amply covered by the shipping documents. I hereby authorise you to dispose of the goods at market rates in case the drawee should dishonour my draft.

May we reckon on your willingness to act as case of need in future also, and if so, on what terms? Looking forward to the favour of a reply.

Yours faithfully,

Woods, King & Co.

91.

Beck & Co.,
Cottbus.

Cottbus, den 21. Juli 19..

Herrn Ferdinand Wild, Klingmühl.

In Beantwortung Ihres gestrigen Briefes erklären wir uns gern bereit, im Notfall zu Ehren Ihrer Firma zu intervenieren.

Außer den Protestkosten und Auslagen würden wir Ihnen die gesetzlich vorgesehene Provision von $\frac{1}{3}$ % in Anrechnung bringen.

Hochachtungsvoll

Beck & Co.

92.

Beck & Co.,
Cottbus.

Cottbus, den 16. Oktober 19..

Herrn Ferdinand Wild, Klingmühl.

Soeben besuchte uns ein hiesiger Geschäftsfreund, Herr Lenk, und teilte uns mit, daß das Akzept:

M 646.25 per gestern a/W. Frank, hier,

welches er in Zahlung erhalten und dem Bezogenen vorgelegt hat, nicht honoriert worden ist.

Der Akzeptant hat gebeten, vorläufig keinen Protest zu erheben, und versprochen, er werde morgen vormittag Zahlung leisten.

Da spätestens im Laufe des morgenden Nachmittags Protesterhebung erfolgen müßte, so hat Herr Lenk für alle Fälle den notleidenden Wechsel seinem Notar zu weiterer Veranlassung übergeben, diesen aber angewiesen, dem Akzeptanten tunlichst entgegenzukommen.

Wir haben Herrn Lenk auf sein Befragen erklärt, daß wir bereit sind, zu Ehren Ihrer Firma zu intervenieren.

Über die weitere Entwickelung der Angelegenheit berichten wir Ihnen morgen und zeichnen

hochachtungsvoll

Beck & Co.

91.

Exchange Buildings,
LIVERPOOL, 30th July 19 . .

Messrs. Woods, King & Co., Halifax, N. S.

Dear Sirs.

We shall be prepared to intervene on your behalf as case of need charging to your a/c Cost of Protest, $^1/_4$% commission and 5% interest in case we should have to take up the bills before disposing of the goods.

Yours faithfully,

Garron & Granby.

P. S. We enclose copy of our hypothecation form.

92.

Exchange Buildings,
LIVERPOOL, 16th October 19 . .

Messrs. Woods, King & Co.. Halifax, N. S.

Dear Sir,

We learn from the Commercial Bank of Liverpool that a bill of yours on Sproule & McDonald & Co., of this city, for £ 320·10/- due to-day has been presented for payment and dishonoured. The acceptor has however, requested the bank to hold the bill for a day or two as he hopes then to be in a position to take it up. Protest has accordingly been deferred, but as the mail leaves this afternoon we think it right to make you acquainted with the fact at once.

We shall take up the bill if finally dishonoured, but would remind you that we did not undertake to make an uncovered advance of this sort; we understood our 'case of need' was limited to the acceptance of documentary bills in case the drawee failed to do so.

Yours truly,

Garron & Granby.

93.

Beck & Co.,
Cottbus.

Cottbus, den 18. Oktober 19 . .

Herrn Ferdinand Wild, Klingmühl.

Hierdurch teilen wir Ihnen mit, daß die mit unserer Adresse versehene Tratte:

ℳ 646.25 per 15. Oktober d. J. a/W. Frank, hier,

vom Akzeptanten nicht eingelöst, sondern uns unter Protest M. Z. zur Ehrenzahlung vorgelegt worden ist.

Indem wir Sie gemäß Artikel 58 der Allgemeinen Deutschen Wechselordnung von der geschehenen Intervention verständigen, legen wir Ihnen Protesturkunde und notleidenden Wechsel im Original bei und bitten, uns laut untenstehender Aufstellung mit:

ℳ 653.65 per dato

zu erkennen.

Hochachtungsvoll
Beck & Co.

In Protestsachen.
Eingeschrieben.

Wechselsumme . .	ℳ	646.25
Protestkosten . . .	„	4.60
$^1/_3$ % Provision . .	„	2.15
Porti	„	0.65
	ℳ	653.65

94.

Ferdand Wild.,in
Klingmühl N. L.

Klingmühl, den 20. Oktober 19 . .

Herren Beck & Co., Cottbus.

Ich besitze Ihr geschätztes Schreiben vom 16. d. M. nebst Einlagen: Protesturkunde, uneingelöstes Akzept auf Frank und Rückrechnung auf

ℳ 653,65

lautend. Diesen Betrag übersende ich Ihnen anbei mit:

ℳ	600.—	in Banknoten
„	50.—	„ Reichskassenscheinen
„	3.65	„ Briefmarken
ℳ	653.65	

zu meiner Entlastung.

Für Ihre Intervention in dieser Angelegenheit spreche ich Ihnen meinen verbindlichsten Dank aus und zeichne

hochachtungsvoll
Ferdinand Wild.

93.

Exchange Buildings,
LIVERPOOL, 19th October 19 . .

Messrs. Woods, King & Co., Halifax, N. S.

Dear Sirs,

Sproule & McDonalds' bill having been dishonoured, we have taken up same and drawn on you at 3/d/Sight, O/Commercial Bank of Liverpool, for amount and costs as per note below.

Yours truly.

Garron & Granby.

Amount of Bill	£ 320·10·0
Protest & Expenses	„ 6 -
Commission 1/4 %	„ 16 -
Int. 10 days at 5 %	„ 8·9
Dft. at 3 ds. Sight	£ 322· 0·9

94.

HALIFAX, N. S., 28th October 19 . .

Messrs. Garron & Granby, Liverpool.

Gentlemen,

We are in receipt of your letter enclosing unpaid bill of Sproule & McDonald to your credit.

Your draft has not been presented as yet but will be duly taken up to your debit and in full of this concern.

Thanking you sincerely for the services rendered in this matter.

We are, Gentlemen,

Yours truly,

Woods, King & Co.

Briefe im Verrechnungsgeschäft.

Kontokorrentverkehr. Im Kontokorrentverkehr beschränkt sich die Tätigkeit des Bankiers nicht wie beim Giroverkehr darauf, für Rechnung der Kontoinhaber Gelder einzuziehen und auszuzahlen; seine Arbeitsleistung ist viel mannigfaltiger; er ist nicht Kassierer, sondern Kommissionär des Kontoinhabers, dem er außerdem meist seinen Kredit zur Verfügung stellt.

Provision. Für die Arbeitsleistung des Bankiers im Kontokorrentverkehr wird ihm eine meist in Prozenten vom Umsatz ausgedrückte Entschädigung (Bankprovision) bezahlt.

Zinsen. Für Kreditgewährung wird außerdem und unbeschadet der Provision eine Zinsvergütung (Soll[Debet]-zinsen) entrichtet. Dagegen werden den Kontoinhabern ihre Guthaben ebenfalls verzinst (Haben[Kredit]-zinsen). Für Sollzinsen wird in der Regel ein höherer Zinsfuß vereinbart als für Habenzinsen.

Abrechnung. Die Abrechnung erfolgt in regelmäßigen, durch Vereinbarung festgestellten Zeitabschnitten, meist per 30. Juni (per ultimo Juni) und per 31. Dezember (per ultimo Dezember).

Briefwechsel. Im Kontokorrentverkehr kommen hauptsächlich folgende Briefgattungen vor:

a) Anträge (Angebote, Anerbieten, Offerten);
b) Antwort: Zustimmung oder Ablehnung;
c) Angabe der Bedingungen (Konditionen);
d) Bestätigung der Bedingungen;
e) Aufträge {zugunsten / zu Lasten} der laufenden Rechnung des Kontoinhabers;
f) Rechnungsabschlüsse (Kontokorrentauszüge),
g) Prüfungsberichte.

a) Anträge (Angebote, Anerbieten, Offerten).

Der Antrag auf Eröffnung eines Kontokorrentverkehrs kann beiderseitig erfolgen.

b) Beantwortung des Antrags.

Anfragen, die die Eröffnung eines Kontokorrentverkehrs bezwecken, pflegen auch dann beantwortet zu werden, wenn der Antrag aus irgend einem Grunde abgelehnt wird.

Lautet die Antwort zustimmend, so wird sie gleichzeitig die Bedingungen für den Bankverkehr (Bankbedingungen) enthalten.

c) Bankbedingungen.

Die Bedingungen, zu welchen der Bankier dem Kontoinhaber seine Dienste widmet, betreffen:

1. Die Höhe und Sicherung des Kredits (gedeckt oder ungedeckt).
2. Die Höhe des Zinsfußes (für Debet und Kredit).
3. Die Höhe der Provision.
4. Die Termine für die Abrechnung.
5. Die Rückvergütung der Auslagen.

Accounts Current.

The current-account business in English Banking has already been referred to as covering almost the whole intercourse between bank and public. The banker becomes the agent of his account-holder in all kinds of banking business and little or none is done without his agency. If the account-holder is a reputable person he may arrange with his banker for such advances as his business requires. Merchants who require large advances frequently open two accounts, a Working Account, for current transactions and an "Advance Account" on special terms, from and to which, large sums are passed to and from his working account when he needs capital or repays it.

Commission is frequently paid on the total of the debit entries in account current.

The rate varies according to the turn-over.

Interest is further allowed and charged for balances the the Credit or Debit of the Account-Holder. Debit balances generally pay a higher rate than is granted on Credit balances. Interest on Credit balances is frequently reckoned for the term of account on the lowest balance appearing during that term.

The accounts are mostly balanced half-yearly.

The correspondence relating to accounts-current is as a rule very limited. English bankers never apply to the public for custom. Every merchant may be presumed to have a banker already and an attempt to procure the removal of his account by another bank would be regarded as discreditable. They state their terms on application and these *may* be accepted or rejected by letter. Payments to and drawings from the Account are mostly effected by filling up printed dockets and documents which can hardly be called "correspondence".

Applications for credit in account and the answers thereto frequently give rise to correspondence.

The Bank States Its Terms.

The chief points in the terms of an account current are:

(a) The extent of credit (overdraft) to be allowed;
(b) The duration of the credit;
(c) The cover or security offered;
(d) The rate of interest to be charged and allowed;
(e) The commission to be charged.

Opening an Account.

The customer having accepted the bank's terms, signifies his assent by letter if the transactions are of great importance or the terms exceptional. Ordinary account-holders are presumed to have accepted the ordinary terms when they sign their name in a book which the bank lays before every prospective account-holder. Specimen signatures of all persons empowered to sign by proxy (procuration) for the account-holder must also be furnished, together with authority (power of attorney) to that effect.

d) Bestätigung der Bedingungen.

Nachdem die Verhandlungen über die Bankbedingungen abgeschlossen sind, wird das Einverständnis mit den getroffenen Vereinbarungen von beiden Seiten vollinhaltlich bestätigt.

Durch die Bestätigung der Bankbedingungen wird der Kontokorrentvertrag rechtsverbindlich.

e) Aufträge.

Die Aufträge, die der Kontoinhaber seinem Bankier erteilt, werden auf laufende Rechnung verbucht.

Die Verbuchung geht entweder „zugunsten" oder „zu Lasten" des Kontoinhabers.

Zugunsten der laufenden Rechnung werden verbucht:

1. Einzahlungen in bar, Zinsscheine, Anweisungen, Schecks usw.
2. Wechsel zur Gutschrift per Verfall, zur Diskontierung oder zur Einziehung.
3. Überweisungen von Guthaben.
4. Verkäufe von Wertpapieren, ausländischen Wechseln und Sorten.

Zu Lasten der laufenden Rechnung werden verbucht:

1. Auszahlungen an den Kontoinhaber oder an seine Bevollmächtigten.
2. Wechsel als Anschaffung und Rimessen an dritte.
3. Einlösung von Tratten auf den Kontoinhaber oder für seine Rechnung.
4. Einkäufe von Wertpapieren, Sorten und Fremdwechseln.

f) Rechnungsabschlufs.

Nach Ablauf der vereinbarten Abrechnungsfrist sendet der Bankier dem Kontoinhaber einen Auszug seiner Rechnung (Kontokorrentauszug), dem bisweilen eine besondere Zinsrechnung beiliegt.

Außer den Buchungen und den Zinsen führt der Rechnungsauszug die Auslagen und die Provision in besonderen Posten auf.

Ferner wird der Überschuß, der sich zugunsten oder zu Lasten des Kontoinhabers ergibt, der schwächeren Seite unter dem Namen Saldo angefügt, so daß beide Seiten der Rechnung die gleiche Summe aufweisen.

Dieser Saldo wird dann auf der entgegengesetzten Seite auf neue Rechnung vorgetragen und das Kontokorrent vom Kontokorrentgeber unter Angabe des Ausstellungsorts und Datums unterzeichnet.

Vor der Unterschrift befindet sich häufig die Klausel „Irrtum vorbehalten" oder „salvo errore et omissione" (gekürzt „S. E. & O.").

g) Prüfungsbericht.

Der Kontokorrentauszug wird gewöhnlich mit einem Begleitbrief abgeschickt, in welchem der Saldo nebst Valuta (Abschlußdatum) angegeben ist.

Dieser Brief enthält die Bitte, den Rechnungsauszug auf seine Richtigkeit zu prüfen und dem Kontokorrentgeber das Ergebnis der Prüfung mitzuteilen.

Häufig wird diesem Briefe noch ein Formular beigelegt, welches die Richtigkeit der Abrechnung bestätigt und vom Kontoinhaber unterzeichnet zurückgeschickt werden soll.

Operation on Accounts Current.

The principal operations are:

On the Credit Side.

(1) Payments to credit (lodgments) in the form of specie, notes, cheques and other demand documents. These lodgments may be made by a third party through the bank's agents.

(2) Handing in bills for credit at maturity (collection) or before maturity (discount).

(3) Transfer of amounts from another customer's account (usually effected by cheque).

(4) The sale of securities and documents in foreign currency for account the customer. (Chiefly in London and through so called foreign bankers.)

On the Debit Side.

(5) The payment of the customer's cheques. (Remittances to a third party, &c., are generally effected by cheque also.)

(6) Payments to a third party by transfer in account, or the issue of Drafts and Post Bills (also generally covered by cheques).

(7) Retirement of Bills accepted by the account-holder.

Banks do not buy securities for their customers except through, of Stock and Bill Brokers.

Balancing.

When the bank balances its books it sends a Statement of Account to its customers showing the amount due to or by them at the date named, including interest, commission, &c. The necessity of this statement is, however, mostly obviated by furnishing the account-holder with a "pass-book" or duplicate of his account, which is written up for him by the bank at short intervals and keeps him constantly informed of the state of his account. The payments to his credit he may enter himself and these being initialled by the bank's official constitute a receipt for the payment.

Verification.

When the pass-book has been made up and balanced, a form of confirmation is generally handed to the customer, who signs it and thereby recognises the balance as correct. The vouchers for payments out of his account during the previous half-year are then handed to him and the operations begin afresh.

95. Am 13. Februar 19.. bieten Gebrüder Simon, Frankfurt a. M., der Firma Otto Winter, Offenbach, ihre Vermittelung in allen das Bankfach betreffenden Geschäften an; sie stellen günstige Bedingungen.

96. Am 15. Februar 19.. erklärt sich Otto Winter, Offenbach, mit den gestellten Bedingungen einverstanden, falls ihm ein ungedeckter Kredit bis zu 20000 ℳ gewährt werde.

97. Am 16. Februar 19.. erklären sich Gebrüder Simon, Frankfurt a. M., bereit, den gewünschten Blankokredit zu gewähren. Sie fordern doppelte Provision für ungedeckte Zahlungen.

98. Am 18. Februar 19.. lehnt Otto Winter, Offenbach, es ab, sich für ungedeckte Debetposten höhere Provision anrechnen zu lassen.

99. Am 19. Februar 19.. verzichten Gebrüder Simon, Frankfurt a. M., auf doppelte Provision und bestätigen die übrigen Bedingungen.

100. Am 25. Februar 19.. akzeptiert Otto Winter, Offenbach, die Bankbedingungen vollinhaltlich, überschickt zwei Wechsel zur Gutschrift und bittet um Schutz für seine Tratte.

101. Am 26. Februar 19.. bestätigen Gebrüder Simon, Frankfurt a. M., den Empfang der Wechsel und sichern der avisierten Tratte Schutz zu.

102. Am 27. Mai 19.. stellt Otto Winter, Offenbach, 1450 Kronen in Wien zur Verfügung und bittet um Gutschrift in Mark. Gleichzeitig weist er ℳ 695,50 zur Auszahlung in Berlin an.

103. Am 28. Mai 19.. zeigen Gebrüder Simon, Frankfurt a. M., an, daß die Aufträge vom 27. 5. ausgeführt sind.

104. Am 29. Mai 19.. bestätigt Otto Winter, Offenbach, den Empfang des Briefes vom 28./5. 19..

105. Am 2. Juli 19.. überreichen Gebrüder Simon, Frankfurt a. M., Rechnungsauszug und bitten um Gutschrift des Saldo.

106. Am 8. Juli 19.. bestätigt Otto Winter, Offenbach, die Richtigkeit der erhaltenen Abrechnung.

Gebrüder Simon.
Bankgeschäft.
Tel.-Adr.: Banksimon.
Fernsprecher: III 1296.

95.

Frankfurt a. M., den 13. Februar 19..

Herrn Otto Winter, Offenbach.

Von dem lebhaften Wunsche geleitet, mit Ihrer geschätzten Firma in Geschäftsverbindung zu treten, gestatten wir uns, Ihnen unsere Dienste zur Besorgung aller in das Bankfach einschlagenden Geschäfte ergebenst anzubieten.

Wir würden Ihnen wie den bevorzugteren unserer geschätzten Auftraggeber $^1/_8\,\%$ Provision sowie $^1/_2\,\%$ über oder unter dem jeweiligen Reichsbankdiskont berechnen und außerdem nur unsere Auslagen für Porto, Depeschen, Stempel und Courtage in Ansatz bringen.

Sie wollen aus diesen ungewöhnlich günstigen Bedingungen ersehen, daß wir großen Wert darauf legen, mit Ihrer werten Firma in Verkehr zu treten.

Wir sehen Ihrer gefl. Entschließung gern entgegen und zeichnen

hochachtungsvoll

Gebrüder Simon.

Précis.

95. Translation of German letter.

96. 12th February 19 . . John Little, Birmingham, applies to the Commercial Bank of Liverpool for permission to open an Account with the latter.

97. 16th February 19 . . The Commercial Bank of Liverpool reply and state their terms.

98. 18th February 19 . . John Little asks the Bank to modify the terms on which they propose to grant an overdraft.

99. 20th February 19 . . The Bank consent to grant the overdraft as desired.

100. 25th February 19 . . John Little expresses his thanks to the Bank and encloses remittance for his credit, together with letter of Agreement and advice of bill to be retired.

101. 26th February 19 . . The Bank acknowledge receipt of the foregoing.

102. 27th March 19 . . John Little sends bills for discount and credit of his Account, to the Commercial Bank of Liverpool and also requests a Bank Post Bill to be sent him.

103. 28th March 19 . . The Commercial Bank of Liverpool acknowledge receipt of the foregoing, enclosing the desired Bill, and docket of bills discounted.

104. 29th March 19 . . John Little acknowledges receipt of last letter.

105. 4th April 19 . . The Bank enclose statement of Account Current.

106. 5th April 19 . . John Little acknowledges the Account to be correct.

95.

(Translation of the Corresponding German Letter, no similar English letter being obtainable.)

FRANKFORT on MAIN, 13th February 19 . .

Mr. Otto Winter, Offenbach.

Dear Sir,

As we are anxious to do business with your esteemed house we venture to offer you our services in carrying out any banking-business you may have to do.

We should charge you the special rates accorded to our privileged clients, namely, $^1/_8$% commission, $^1/_2$% over or under the Bank rate on Dr. and Cr. balances respectively and also, of course, with any expenses incurred for postage, telegrams, stamps brokerage, &c.

You will observe by these unusually favourable terms, how desirous we are of doing your business.

Awaiting your early decision, We are, dear Sir,

Yours faithfully,

Simon, Bros.

96.

Otto Winter.
Offenbach a. M.

Offenbach, den 15. Februar 19 . .

Herren Gebrüder Simon, Frankfurt a. M.

Im Besitz Ihrer gefl. Zuschrift vom 13. cr. danke ich Ihnen für freundliches Entgegenkommen.

Ich würde gern bereit sein, zu den angegebenen Bedingungen mit Ihrer Firma in Kontokorrentverkehr zu treten, wenn Sie mir gleichzeitig einen ungedeckten Akzeptationskredit bis zur Höhe von 20000 ℳ einräumen wollten.

Ihrer baldigen Antwort gern gewärtig, empfehle ich mich Ihnen

hochachtungsvoll

Otto Winter.

97.

Gebrüder Simon.
Bankgeschäft.
Tel.-Adr.: Banksimon.
Fernsprecher: III 1206.

Frankfurt a. M., den 16. Februar 19 . .

Herrn Otto Winter, Offenbach.

Aus Ihrem geehrten Gestrigen ersehen wir mit Vergnügen, daß Sie bereit sind, von unserem Dienstanerbieten Gebrauch zu machen.

Wir nehmen keinen Anstand, Ihnen den gewünschten Blankokredit von 20000 ℳ zu gewähren.

Jedoch würden wir für ungedeckte Zahlungen oder Akzepte die doppelte Provision, das ist $^1/_4$ %, in Anrechnung bringen; die übrigen Bedingungen bleiben dieselben.

In der Erwartung, daß Sie hiermit einverstanden sind, zeichnen wir

mit Hochachtung

Gebrüder Simon.

96.

Warwick Street,
BIRMINGHAM, 12th February 19 . .

The Manager. Commercial Bank of Liverpool, Ltd., Liverpool.

Dear Sir,

As I am constantly making large purchases of colonial produce in Liverpool, I feel it would be to my advantage to have a working account in your city. I should therefore, be glad to learn on what terms I could open one with you. I may say at once that I should require an occasional overdraft up to, say £ 1000, as I cannot always foresee the requirements of my trade. Such overdrafts would, however, be merely temporary, mostly coverd by shipping documents, and would always in any case represent goods in my hands.

My Bankers here, the Midland Bank Limited, are acquainted with this step on my part and will give you any desired information regarding my character and credit.

Looking forward to an early reply, I am, dear Sir,

Yours truly,

John Little.

97.

COMMERCIAL BANK OF LIVERPOOL, LIMITED,
LIVERPOOL, 16th February 19 . .

John Little, Esq., Warwick Street, Birmingham.

Dear Sir,

Replying to your favour of 12th inst. I have to inform you that we shall be glad to open you an account on the usual terms, viz:

Interest on Debit Balances at 1 over and on Credit Balances at 1 under the current Bank rate.

Commission on debit entries at $^1/_8$%; Discount on bills at the rate current in this city for the class of bill in question.

My directors are prepared to grant you an occasional overdraft as the needs of your business in this city may require, but on the distinct understanding that the limit named (£ 1000) shall not be exceeded; that such over-drafts shall only be of a temporary nature and covered by shipping documents or collateral security of some kind.

I am, dear Sir,
Yours faithfully,

R. T. Strong
Manager.

98.

Otto Winter.
Offenbach a. M.

Offenbach, den 18. Februar 19..

Herren Gebrüder Simon, Frankfurt a. M.

Ich besitze Ihr gefl. Schreiben vom 16. d. M. Ich müßte davon absehen, den besprochenen Blankokredit anzunehmen, wenn Sie sich nicht entschließen könnten, für sämtliche Debetposten — gleichviel, ob sie durch Vorentnahmen entstanden oder gedeckt sind — die Provision mit $^1/_8$% zu berechnen.

Ich sehe Ihrer umgehenden Entschließung gern entgegen und zeichne

hochachtungsvoll

Otto Winter.

99.

Gebrüder Simon.
Bankgeschäft.
Tel.-Adr.: Banksimon.
Fernsprecher: III 1296.

Frankfurt a. M., den 19. Februar 19..

Herrn Otto Winter, Offenbach.

Um Ihnen zu beweisen, wie viel uns an dem Verkehr mit Ihrer hochachtbaren Firma gelegen ist, haben wir uns entschlossen, Ihre Vorschläge vom gestrigen Tage anzunehmen, und eröffnen Ihnen hiermit eine laufende Rechnung bei uns unter den folgenden Bedingungen:

Wir eröffnen Ihnen einen Kredit bis zu ℳ 20 000, über den Sie nach Belieben verfügen können.

An Zinsen berechnen wir Ihnen: $^1/_2$% über Reichsbankdiskont, wenn Sie Debitor, und $^1/_2$% darunter, wenn Sie Kreditor sind.

Sie vergüten uns unsere Selbstauslagen und außerdem $^1/_8$% Provision für Akzepte, gleichviel, ob sie gedeckt oder ungedeckt sind.

Im übrigen verweisen wir auf unsere „allgemeinen Kontokorrentbestimmungen", von denen wir Ihnen ein Exemplar beilegen.

Dasselbe erbitten wir uns mit Ihrer Unterschrift versehen zurück.

Wir werden gern alles aufbieten, unseren geschäftlichen Verkehr mit Ihnen angenehm zu gestalten und Ihr Vertrauen in jeder Richtung zu rechtfertigen.

Mit größter Hochachtung

Gebrüder Simon.

Anlage:
Bestimmungen.

98.

Warwick Street,
BIRMINGHAM, 18th February 19 . .

The Manager, Commercial Bank of Liverpool, Ltd., Liverpool.

Dear Sir,

I have to thank you for your letter of the 16th inst., but regret that I cannot agree to the stipulation as to absolute cover for any overdraft accorded me. I should give you the usual lien on the goods. If I could not dispose of Bills of Lading or Dock-Warrants, without refunding you the advances beforehand, the whole account would be of little advantage to me. I should however, engage to refund each individual advance within ten days from receipt of shipping documents, and as all these transactions would be on a genuine goods basis and in no way speculative, you would run no risk whatever. I should further be prepared to lodge a joint and several letter of guarantee signed by myself and my brother-in-law Mr. Arthur Poynter, of your city, who is doubtless known to you by reputation.

Trusting that you will reconsider your decision and let me know the result as soon as possible,

I remain, dear Sir,
Yours very truly,
John Little.

99.

COMMERCIAL BANK OF LIVERPOOL, LIMITED.
LIVERPOOL, 20th February 19 . .

Dear Sir,

My Directors are disposed to grant you the desired advance on the terms named in your favour of 18th inst., and I enclose Letter of Agreement to that effect, which you will please return signed by yourself and Mr. Poynter.

Yours faithfully,
R. T. Strong,
Manager.

1 Enclosure.

100.

Otto Winter.
Offenbach a. M.

Offenbach, den 25. Februar 19 . .

Herren Gebrüder Simon, Frankfurt a. M.

Ich besitze Ihr gefl. Schreiben vom 22. d. M. und bemerkte mir Ihre Bedingungen wie folgt:

Sie eröffnen mir einen Blankokredit bis zu 20000 ℳ.

Für Kreditzinsen berechnen Sie mir $^1/_2$ % unter, für Debetzinsen $^1/_2$ % über Reichsbankdiskont.

Ich vergüte Ihnen sämtliche Auslagen sowie $^1/_8$ % Provision.

Die mir gesandten Kontokorrentbestimmungen gebe ich vollzogen zurück.

Ich eröffne gleichzeitig die Geschäftsverbindung, indem ich Ihnen anbei:

ℳ 600.— per 12./5. a. c. a/Helm & Co., dort,
„ 715.— per 15./6. a. c. a/Köhler & Sohn, Hanau,
ℳ 1315.— zur gefl. Gutschrift per Verfall übersende.

Dagegen erlaubte ich mir:

ℳ 5000.— per 25./5. O./E.

auf Sie abzugeben, um deren Inschutznahme ich bitte.

Hochachtungsvoll

Otto Winter.

Einschreiben.
2 Wechsel.

100.

Warwick Street,

BIRMINGHAM, 25th February 19 . .

The Manager, Commercial Bank of Liverpool, Ltd., Liverpool.

Dear Sir,

I beg to express my thanks to yourself and your directors for conceding me an overdraft on the terms specified in enclosed Letter of Agreement, signed by Mr. Pointer and myself.

I enclose for my credit with you my cheque for £ 1000 on the Midland Bank Limited and further cheques £ 368 ·· as per lodgment slip enclosed.

I also refer to advice of bill to be retired. Please acknowledge receipt.

Yours faithfully,

John Little.

Enclosed.

1. Letter of Agreement.
2. Lodgment.
3. Advice of Bill.

100a.

THE LIVERPOOL COMMERCIAL BANK, LTD.

Lodgment for Credit of *John Little.*

Liverpool, *26th February* 19 . .

Cheques			
Midland Bank, Birmingham . . .	1000		
National Provincial Bank . . .	368		
Notes			
Gold			
Silver			
Copper			
£	1386		

101.

Gebrüder Simon.
Bankgeschäft.
Tel.-Adr.: Banksimon.
Fernsprecher: III 1296.

Frankfurt a. M., den 26. Februar 19..

Herrn Otto Winter, Offenbach.

Ihrem gestrigen Schreiben entfalteten wir:

ℳ 600.—	per	12./5.	a/hier,
ℳ 715.—	„	15./6.	a/Hanau,

die wir unter dem üblichen Vorbehalt in das Haben Ihrer laufenden Rechnung brachten.

Die uns gleichzeitig angekündigte Tratte von:

ℳ 5000.— Wert 25./5.

werden wir bei Vorkommen honorieren.

Hochachtungsvoll

Gebrüder Simon.

102.

Otto Winter.
Offenbach a. M.

Offenbach, den 27. Mai 19..

Herren Gebrüder Simon, Frankfurt a. M.

Ich gehe mit dem Inhalt Ihres Schreibens vom 26. Februar d. J. konform. Heute stelle ich Ihnen:

K. 1450.— per 25./7.

bei Franz Bär, Wien (III., Hauptstraße 42) zur Verfügung und bitte um Abrechnung.

Dagegen wollen Sie:

ℳ 695.50 Sechs Hundert Fünf und Neunzig, 50 Pf.

am 6. Juni d. J. an Schäfer & Sohn, Berlin W., Behren-Straße 12, zu Lasten meiner Rechnung auszahlen lassen.

Hochachtungsvoll

Otto Winter.

Einschreiben.
1 Wechsel.

100b.

BILLS TO BE RETIRED.

Acceptors	Drawers	When Due		Where Payable	Amount		
Ourselves	*J. H. Hunter & Co.*	*March*	*1st*	*Coutts & Co.*	*563*	*5*	*6*

The Commercial Bank of Liverpool, Limited.

Please advise your London Agents to pay the above, and charge to account of

Birmingham, 25th February 19 . . *John Little.*

101.

POST CARD.

COMMERCIAL BANK OF LIVERPOOL, LIMITED.

LIVERPOOL, *26th February* 19 . .

THE MANAGER begs to acknowledge receipt of your letter of *25th inst.,* with enclosures *as stated.*

R. J.

102.

Warwick Street,

BIRMINGHAM, 27th March 19 . .

The Manager, Commercial Bank of Liverpool, Ltd., Liverpool.

Dear Sir,

Your letter of 26th inst., came duly to hand.

I enclose for discount and credit Bill, Jones & Son, London, £ 450 due 25th July. I should be obliged if you would send me a 10 days Bank Post Bill on Paris for Fcs. 695.50 and debit my *private* a/c at current rate of exchange.

Yours truly,

John Little.

103.

Gebrüder Simon.
Bankgeschäft.
Tel.-Adr.: Banksimon.
Fernsprecher: III 1296.

Frankfurt a. M., den 28. Mai 19..

Herrn Otto Winter, Offenbach.

In Ausführung Ihres gestrigen Auftrags kreditieren wir Ihr wertes Konto für die uns zur Verfügung gestellten:

K. 1450.— per 25. Juli zu 84,60 t. q. mit
ℳ 1226.75 per heute.

Dagegen bemerkten wir uns, daß für Ihre Rechnung:

ℳ 695.50 am 6. Juni a. c.

auszuzahlen sind, für welchen Betrag wir Sie belasten.

Hochachtungsvoll

Gebrüder Simon.

104.

Otto Winter.
Offenbach a. M.

Offenbach, den 29. Mai 19..

Herren Gebrüder Simon, Frankfurt a. M.

Ich bestätige den Empfang Ihres geschätzten Schreibens von gestern und gehe mit den darin enthaltenen Aufstellungen konform.

Hochachtungsvoll

Otto Winter.

103.

COMMERCIAL BANK OF LIVERPOOL, LIMITED.
LIVERPOOL, 28th March 19 . .

John Little Esq., Birmingham.

Dear Sir,

I have received your letter of yesterday with enclosure as stated and now enclose 10/d/dft. on Paris for Fs. 695.50 which has been debited to your a/c at the rate of 25.20 = £ 27 · 6 · /-

I enclose note of Bill Discounted for your credit.

Yours faithfully,
R. T. Strong,
Manager.

COMMERCIAL BANK OF LIVERPOOL, LIMITED.

Liverpool, *28th March* 19 . .

Specification of Bills Discounted
for Account of *Mr. John Little.*

Discounted		Due		Days	%	Discount			Amount	
March	*28*	*May*	*25*	*58*	*3½*	*2*	*10*		*450*	
									2	*10*
								£	*447*	*10*

104.

POST CARD.

The Manager,
COMMERCIAL BANK OF LIVERPOOL, LIMITED.
LIVERPOOL.

Your favour of yesterdey received covering enclosures as stated, for which I am obliged.

John Little.
p. W. M.

BIRMINGHAM, 29th March 19 . .

105.

Gebrüder Simon.
Bankgeschäft.
Tel.-Adr.: Banksimon.
Fernsprecher: III 1296.

Frankfurt a. M., den 2. Juli 19 . .

Herrn Otto Winter, Offenbach.

Wir beehren uns, Ihnen anbei den Auszug Ihrer Rechnung bei uns zu übersenden, welche mit einem Saldo von:

ℳ 3183.— per 30. Juni a. c.

zu unseren Gunsten abschließt.

Wir bitten, den Auszug zu prüfen und den Saldo nach Richtigbefund unter gefl. Anzeige übereinstimmend mit uns vorzutragen.

Hochachtungsvoll

Gebrüder Simon.

Soll *Herrn* Otto Winter, Offenbach im Kontokorrent mit Gebrüder Simon. *Haben*

19 . .			Verfall		Tage	Zahlen	Betrag ℳ	Pf.	19 . .			Verfall		Tage	Zahlen	Betrag ℳ	Pf.
Febr.	26.	Tratte	Mai	25.	35	1750	5000	—	Febr.	26.	Rimesse	Mai	12.	48	288	600	—
Mai	28.	Zahlung Berlin	Juni	6.	24	167	695	50	"	"	do.	Juni	15.	15	107	715	—
Juni	30.	6 % Zinsen v. No. 1129					18	85	Mai	28.	Anweisung a/Wien	Mai	28.	32	393	1226	75
"	"	Provision $^1/_8$ % v. 5695,50					7	15	Juni	30.	Ausgleich d. Zinszahlen				1129		
"	"	Spesen					3	25	"	"	Saldo					3183	—
						1917	5724	75							1917	5724	75
Juli	1.	Saldovortrag					3183	—			S. E. & O.						

Frankfurt a. M., den 2. Juli 19 . .

Gebrüder Simon.

105.

COMMERCIAL BANK OF LIVERPOOL, LIMITED.
LIVERPOOL, 4th April 19 . .

Mr. John Little, Esq., Birmingham.

Dear Sir,

Referring to your letter of yesterday, stating that you could not understand the charge for interest entered in your Pass-Book. I now enclose statement of your account, which you will doubtless find correct. If so, please sign enclosed declaration, on receipt of which the debit vouchers will be forwarded to you.

Yours faithfully,
R. T. Strong,
Manager.

John Little Esq. in Account with the *Commercial Bank of Liverpool, Limited.*

Date 19 . .			Dr.		Cr.	Bill Due Date	Balance Dr.	Balance Cr.	Days	Bill Interest @ 5 %	Dr. Interest	Cr. Interest
Feby.	26	*By cheque Birmingham . . . .*			*1000*	*3/3*				*13 8*		
	26	*By cheque Liverpool*			*308*			*1368*	*3*			*4 104*
Mar.	1	*To Bill ret^{d} Hunter*	*503 5 6*					*804 34 6*	*9*			*7 243*
	10	*To Ck. 11701 Porter .*	*900*				*155 5 6*		*3*		*466*	
	13	*2 Dodds . .*	*750*				*905 5 6*		*14*		*12 674*	
	27	*By Bills discounted .*			*447 10*		*457 15 6*		*2*		*915*	
	29	*By Ck. London . . . .*			*520*	*31/3*		*62 4 6*	*1*	*2 10*		*62*
	30	*To 11701 Robinson . .*	*380*				*317 15 6*		*1*		*318*	
			2653 5 6		*2335 10*					*16 6*	*14 373*	*11 409*
	31	*To In^{t} on Bills @ 3½*	*11 18*									
	31	*„ „ „ Nos . . . . .*	*1 7 6*		*15 6*							
	31	*„ Commission 1/8 % . on £ 2653*	*3 6 4*									
	31	*By Balance . . . . . .*			*322 5 6*							
		£	*2658 11 0*	£	*2658 11 0*							
Mar.	31	*To Balance . . . . £*	*322 5 6*									

106.

Otto Winter.
Offenbach a. M.

Offenbach, den 8. Juli 19 . .

Herren Gebrüder Simon, Frankfurt a. M.

Den mir mit Ihrem Schreiben vom 2. d. M. zugegangenen Auszug meiner laufenden Rechnung bei Ihnen habe ich geprüft und richtig befunden. Ich erkenne demgemäß den Saldo von:

ℳ 3183,— per 30. Juni a. c.

als richtig an und habe ihn gleichlautend zu Ihren Gunsten vorgetragen.

Hochachtungsvoll
Otto Winter.

106.

To the COMMERCIAL BANK OF LIVERPOOL, LIMITED.

I hereby declare the Balance of £ *322·5·6* owing *by* me on my account with you at the *31st March* 19 . . to be correct. The vouchers have been returned to *me.*

Birmingham, 5th April 19 . . *John Little.*

C. Das Kommissionsgeschäft.

Man nennt Kommissionsgeschäfte die durch Vermittlung eines selbständigen Kaufmanns (Kommissionär) im Auftrag und für Rechnung seines Auftraggebers (Kommittent) abgeschlossenen Ein- oder Verkäufe.

Der Kommissionär schließt die Geschäfte in seinem eigenen Namen ab.

Er erhält für seine Mühwaltung und seine Auslagen eine im voraus vereinbarte Vergütung, die meist nach Prozenten berechnet und Provision genannt wird.

Die bei Ausführung des Auftrags entstehenden Kosten und Auslagen gehen zu Lasten des Kommittenten.

Limitum. Bei vielen Waren ist es dem Kommittenten nicht möglich, den Einkaufs- oder Verkaufspreis im voraus zu begrenzen, er läßt dem Kommissionär freie Hand.

Oder der Kommittent schreibt eine Preisgrenze (Limitum) vor, das heißt, er bestimmt bei Einkäufen den Höchstpreis, den er bezahlen, bei Verkäufen den Mindestpreis, zu dem er verkaufen will.

Der Kommissionär darf dieses Limitum nicht zuungunsten des Kommittenten überschreiten. Erzielt er günstigere Preise, so geht der Vorteil zugunsten des Kommittenten.

Delkredere heißt die Bürgschaft, die der Kommissionär — nach Vereinbarung mit dem Kommittenten — für den richtigen Eingang der Kaufgelder übernimmt. Hat der Kommissionär das Delkredere übernommen, so haftet er mit seinem eigenen Vermögen für den Eingang der Zahlungen.

Für die durch diese Haftung übernommene Verpflichtung erhält er eine weitere Vergütung, Delkredereprovision genannt.

Courtage. Bedient sich der Kommissionär bei Abschluß eines Geschäfts der Vermittlung eines Maklers (Courtier), so ist er berechtigt, Maklergebühren (Courtage) zu berechnen.

Einkaufsrechnung. Der Kommissionär vermittelt den Ankauf der Ware, oft auch ihre Versendung und Bezahlung.

Über den Einkauf stellt er eine Einkaufsrechnung aus, in welcher zum Preise, der für die Ware vereinbart ist, die Provision und die Auslagen hinzugerechnet sind, die der Kommissionär gehabt hat.

Verkaufsrechnung. Der Kommissionär übernimmt die zu verkaufende Ware auf Lager (Konsignationsfaktur), oder er vermittelt den Verkauf auf Grund von Angaben, Proben, Mustern.

Über den Verkauf stellt er eine Verkaufsrechnung aus, in welcher von dem erzielten Preise Provision und Auslagen, die er gehabt hat, abgerechnet sind.

C. Commission Business.

Commission Business is that carried out, not directly by the real seller or buyer of the goods concerned, but by agents entrusted with this duty. Commission agents sell or buy the goods by order and for account of their principals. The agent receives for his trouble a certain percentage on the value of the goods sold or bought.

Brokers are officially incorporated agents, who meet on the Exchange and act in special lines for any seller or buyer, without special arrangement, and are bound to act in the matter of charges in strict accordance with the rules of the association to which they belong. They are in many cases personally responsible for engagements entered into through their agency (*i. e.* they have to "stand the racket").

All expenses incurred by the agent are charged to the principal.

Limit. In entrusting an Agent with the sale or purchase of goods a price may be fixed by the principal, below which he may not sell or above which he may not buy. If he can execute the commission on more favourable terms for his principal, he is expected to do so, and to retain any profit on the transaction beyond his commission is a breach of confidence, except it is the custom of the trade.

Delcredere is an undertaking on the part of the agent to be personally responsible to his principal for the payment of all goods sold through his agency. An additional commission is granted for this guarantee. This commission is called "the delcredere". It is a kind of debt insurance and often effected separately.

Brokerage is the commission charged by a broker, The principal must refund this commission to his agent when the latter has been compelled to have recourse to a broker in order to find a purchaser for the goods.

Account Purchases, generally called simply "Invoice", is the statement of goods purchased, sent by the purchasing agent or broker to his principal. If the agent has paid for the goods (which is generally the case) the amount so expended will be augmented by his commission and any charges incurred for the despatch of the goods or otherwise; the amount of this statement will be refunded to him by his principal.

Account Sales is the statement of goods sold by the agent for the principal. It will state the amount received from the purchaser less the agent's commission and the freight, landing charges, and other disbursements he may have incurred in putting the goods on the market.

Konsignationsfaktur. Waren, die der Käufer sehen will, bevor er kauft, ist der Kommittent genötigt, bei seinem Kommissionär zu lagern.

Ein solches Lager heißt Kommissionslager, die Rechnung, welche der Verkäufer über die hinterlegten (konsignierten) Waren ausstellt, Konsignationsfaktur (-nota, -schein).

Briefwechsel im Kommissionsgeschäft. Abgesehen von dem Briefwechsel, den die Gründung eines Geschäfts oder die Anbahnung neuer Geschäftsverbindungen veranlaßt, kommen im Kommissionsgeschäft die folgenden Briefgattungen in Betracht:

Einkaufskommission:

a) Bestellung der Ware;	der Kommittent an den Kommissionär.
b) Versandanzeige und Rechnung;	„ Kommissionär an den Kommittenten.
c) Empfangsbestätigung;	„ Kommittent an den Kommissionär.
d) Regulierung;	„ Kommittent an den Kommissionär.

Verkaufskommission:

a) Konsignationssendung;	der Kommittent an den Kommissionär.
b) Empfangsanzeige;	„ Kommissionär an den Kommittenten.
c) Verkaufsanzeige;	„ Kommissionär an den Kommittenten.
d) Regulierung;	„ Kommissionär an den Kommittenten.

On *Consignment* is the term used to indicate that a parcel of goods has been forwarded by a merchant to his agent (here the consignee) to be sold for the former's account. A merchant accepting goods on consignment credits the consignor with the amount of the account sales when the goods have been sold. If the consignee credits the goods and takes them into stock he may be deemed to have bought them for his own account.

Purchase or sale on commission involves the following correspondence:

Purchase

(a) Instructions to buy;	Principal to Agent;
(b) Advice of purchase and despatch;	Agent to Principal;
(c) Acknowledgement of receipt of goods:	Principal to Agent;
(d) Remittance of value;	" " "
(e) Acknowledgment of remittance:	Agent to Principal;

Sale

(a) Advice of despatch and instructions to sell;	Principal to Agent;
(b) Advice of receipt of goods;	Agent to Principal;
(c) Advice of sale;	" " "
(d) Remittance of proceeds;	" " "
(e) Acknowledgment of remittance;	Principal to Agent.

Letters c and d may be combined.

Briefe im Kommissionsgeschäft.

Einkaufskommission.

Rauchwaren.

107. Am 10. Januar 19.. teilt Max Werner, Leipzig, durch Zirkular mit, daß er sich als Kommissionär in Rauchwaren etabliert habe, und bittet um Aufträge.

108. Am 16. Januar 19.. wiederholt Max Werner, Leipzig, der Firma Simon frères, Paris, gegenüber brieflich sein Dienstanerbieten und gibt an, zu welchen Bedingungen er die Besorgung von Einkäufen übernehmen würde.

109. Am 20. Januar 19.. erklären sich Simon frères, Paris, bereit, Max Werner, Leipzig, mit dem Einkauf von Rauchwaren für ihre Rechnung zu beauftragen, und geben ausführlich an, welche Bedingungen sie stellen.

110. Am 22. Januar 19.. erklärt Max Werner, Leipzig, sein Einverständnis mit den von Simon frères, Paris, gestellten Bedingungen; er hofft, daß die angeknüpfte Geschäftsverbindung beide Teile befriedigen werde.

111. Am 25. Januar 19.. erteilen Simon frères, Paris, ihrem Kommissionär Max Werner, Leipzig, Auftrag, für sie 6 Bund (gleich 60 Stück) gefärbte Persianer, deren Beschaffenheit und Preis sie vorschreiben, anzukaufen und ihnen die Ware als Postpakete über Belgien zuzuschicken.

112. Am 28. Januar 19.. meldet der Kommissionär Max Werner, Leipzig, seinen Kommittenten Simon frères, Paris, daß der Auftrag ausgeführt ist, und gibt einen kurzen Bericht über die Marktlage.

113. Verkaufsrechnung vom gleichen Tage, welche vom Verkäufer Bernhard Jung, Leipzig, ausgestellt ist, legt er im Original seinem Briefe bei.

114. Am 1. Februar 19.. bekennen sich die Kommittenten Simon frères, Paris, zum Empfang der Ware und teilen mit, daß sie den Verkäufer Bernhard Jung, Leipzig, ermächtigt haben, den Fakturenbetrag durch Tratte auf sie zu entnehmen.

115. Am gleichen Tage beauftragen die Käufer Simon frères, Paris, den Verkäufer, Bernhard Jung, Leipzig, auf sie zu ziehen.

116. Am 3. Februar 19.. meldet der Verkäufer Bernhard Jung, Leipzig, der Pariser Firma, daß er den Fakturenbetrag durch Tratte erhoben habe.

Commission Business.

Purchase on Commission.

Furs.

Précis.

107. 108. 20th October 19 . . William Hampton, London, issues a circular to firms in the fur trade, announcing that he has opened as Commission Agent and requesting to be intrusted with the purchase of furs at the London auctions or otherwise.

109. 22nd October 19 . . Stern & Sonnenschein, Leipzig, request him to buy a quantity of furs for their account, at the approaching auctions.

110. 23rd October 19 . . William Hampton thanks the foregoing for the confidence shown and promises to do his best to buy in what they want, at moderate prices.

112. 25th October 19 . . William Hampton advises Stern & Sonnenschein that he has effected the desired purchases and encloses the account purchases (invoice).

113. 25th October 19 . . William Hampton's account to Stern & Sonnenschein.

114. 1st November 19 . . Stern & Sonnenschein acknowledge receipt of account purchase and enclose cheque on London for the amount.

115. 116. 2nd November 19 . . William Hampton acknowledges receipt of remittance and hopes for further orders.

107.

Max Werner.
Leipzig,
Brühl 280.

Leipzig, den 10. Januar 19..

P. P.

Mit Gegenwärtigem gestatte ich mir, Ihnen ergebenst mitzuteilen, daß ich am hiesigen Platze ein

Rauchwaren-Kommissionsgeschäft

unter der eingetragenen Firma

Max Werner

eröffnet habe.

Meine vieljährige Tätigkeit als Ein- und Verkäufer in der Branche setzt mich in den Stand, allen Anforderungen meiner geehrten Auftraggeber zu genügen.

Nehmen Sie die Versicherung entgegen, daß ich jederzeit bestrebt sein werde, Ihr Vertrauen, um welches ich hierdurch bitte, durch gewissenhafte Wahrung Ihrer Interessen zu rechtfertigen.

Belieben Sie von meiner Unterschrift Kenntnis zu nehmen und mich bei Bedarf mit Ihren geschätzten Aufträgen zu beehren.

Hochachtungsvoll

Ich werde zeichnen:

(Faksimile der Unterschrift des Max Werner.)

Max Werner.

108.

Max Werner.
Leipzig,
Brühl 280.

Leipzig, den 16. Januar 19..

Herren Simon frères, Paris.

Vor einigen Tagen erlaubte ich mir, Ihnen durch Zirkular mitzuteilen, daß ich mich am hiesigen Platze als Kommissionär für Ein- und Verkauf von Rauchwaren aller Art niedergelassen habe.

Da ich besonderen Wert darauf lege, mit Ihrem geschätzten Hause in Verbindung zu treten, so erlaube ich mir, Sie hierdurch nochmals auf mein Unternehmen aufmerksam zu machen und bei dieser Gelegenheit zu betonen, daß die reichen Erfahrungen, die ich mir im Dienste hervorragender Firmen in der Branche erworben habe, Ihnen für sachkundige Vertretung Ihrer Interessen Gewähr bieten dürften.

107.

WILLIAM HAMPTON.
Commission Agent.
Furs.
LONDON.

12, College Hill,
LONDON, 20th October 19 . .

Gentlemen,

In directing your kind attention to above address, I venture to solicit the favour of your commands for the purchase of Furs at the approaching auctions or otherwise.

My lengthened experience in London, Leipsic, and Moscow has given me a complete and thorough knowledge of the trade in all its branches.

I have recently opened here in the commission business and shall devote myself exclusively to the purchase of furs and allied goods for account my clients, doing no business for own account, as my experience has shown me it is often impossible to renconcile our own and our clients' interests under such circumstances. My terms would be the usual, viz. 2% Commission, aud cash within 10 days of date of invoice. Disbursements to client's Debit.

I am, Gentlemen,

Yours very respectfully,

William Hampton.

THE FOLLOWING GOODS WILL BE OFFERED AT THE APPROACHING SALE.

914,060	Opossum (Australian).	8,000	Kangaroo.	2,983	Cat (house).
39,161	Wombat.	956	Fox (red).	558	Badger.
130,000	Wallaby.	427	Cat (wild).	12	Tiger.
		10,546	Fox (red Australian).	350	Leopard.

In addition over 3,700 salted seal furs, and from 12,000 to 15,000 sundry skins including raccoon, musquash, marten, fox, wolf, grizzly bear, snow leopard, ermine, marmot, Kolinsky 'rabbit, grebe, nutria, blue-backs, white-coats, skunk, mink, Persian lamb, Astrachan lamb, squirrel, chinchilla.

There is likely to be a large attendance of buyers but there is every prospect of efficiently represented houses being able to pick up some desirable lots at very moderate prices.

Reference Permitted To:

Messrs. Neugebauer & Hoffmann,
Brühl, LEIPZIG.

Messrs. Marcus Hanbury & Co.,
Southwark-bridge Road,
LONDON.

Sollten Sie sich entschließen, mich mit Ihrem Vertrauen zu beehren, so würde ich Ihnen für Einkäufe außer dem üblichen Ersatz für Barauslagen 2 % (zwei vom Hundert) Provision in Anrechnung bringen.

Ich sehe Ihrer geneigten Entschließung gern entgegen und zeichne, indem ich noch auf die untenstehenden Referenzen verweise, hochachtungsvoll

Max Werner.

Referenzen.

Ludwig Blank & Söhne, Leipzig.
H. Breton & fils, 23, rue de Richelieu, Paris.
M. Cameron & Co., 36, Victoria Street, London EC.

109.

Simon frères.
28, Fbg. Poissonnière,
Paris.

Paris, den 20. Januar 19 . .

Herrn Max Werner, Leipzig.

Wir besitzen Ihr gefl. Schreiben vom 16. d. M. und erklären uns im Prinzip geneigt, Ihnen den Einkauf von Rauchwaren für unsere Rechnung am dortigen Platze zu übertragen.

Zu diesem Zwecke unterbreiten wir Ihnen unsere Bedingungen wie folgt:

Provision: Wir gewähren Ihnen 2% (zwei vom Hundert) vom Nettobetrag der Originalfakturen, sowie Rückerstattung Ihrer Barverläge. Die Fakturen sind gleichzeitig mit der Ware im Original an uns einzusenden.

Abrechnung. Sie übersenden uns am Schluß eines jeden Kalendervierteljahres einen Kontoauszug und eine Aufstellung Ihrer Provision und Ihrer Barauslagen.

Versendung. Alle an uns abgehenden Waren sind, soweit sie nicht Postpakete bilden, unfrankiert an unseren hiesigen Spediteur L. Thibault zu unserer Verfügung zu schicken; Versicherung decken wir selbst.

Marktberichte. Wir legen großen Wert darauf, fortwährend über den Stand des Marktes unterrichtet zu sein. Wir bitten deshalb, uns so oft als erforderlich zu berichten.

Wir sehen umgehender Bestätigung unserer Bedingungen gern entgegen und hoffen, daß sich die Geschäftsverbindung für beide Teile nutzbringend und angenehm gestalten möge.

Hochachtungsvoll

Simon frères.

108.

WILLIAM HAMPTON.
Commission Agent.
LONDON.

12, College Hill,
LONDON, 20th Oct. 19 . .

Messrs. Stern & Sonnenschein, Leipzig.

Gentlemen,

Referring to the enclosed circular I am oxceedingly anxions to secure your representation on this market and in order to secure your business I should be prepared to accept a reduced commission of 1 1/2 per cent. Hoping your may see your way to entrusting me with your orders,

I remain, Gentlemen,

Yours faithfully,

W. Hampton.

109.

STERN & SONNENSCHEIN.
Rauchwaren.
LEIPZIG.

LEIPZIG, 22nd October 19 . .

Mr. William Hampton, 12, College Hill, London.

Dear Sir,

Referring to your letter of 20th inst. and after consultation with Mr. Neugebauer of this town, who speaks in complimentary terms of your business capacity, we are inclined to entrust our London purchases to you. As a rule we are represented at the sale by a member of the firm; but this autumn neither of us is able to be present, and we shall be glad if you will buy for us some 10,000 Australian Opossum of good quality. We should not like to pay more than an average price of 1/, and think you should be able get what we want without bidding more. We could do with two or three hundred high class dark Tasmanians if the prices do not rule excessively high, but this we leave to your discretion.

You may warehouse the goods for the present and we shall instruct you later as to the forwarding. This has always been undertaken for us by Suttcliffes but, if you can effect it cheaper, we have no objection to your doing so. Wire us if the bidding is very high at opening of sales, as, if so, we may cancel instructions. We should like to be constantly well posted regarding the movements of your market.

Yours truly,

Stern & Sonnenschein.

110.

Max Werner.
Leipzig,
Brühl 280.

Leipzig, den 22. Januar 19..

Herren Simon frères, Paris.

Im Besitz Ihres Geehrten vom 20. d. M. erkläre ich mich hierdurch mit den darin enthaltenen Bedingungen einverstanden.

Der Ordnung wegen wiederhole ich dieselben kurz:

Ich übernehme den Einkauf von Rauchwaren für Ihre Rechnung am hiesigen Platze gegen eine Einkaufsprovision von 2 % vom Nettobetrag der Fakturen, die ich Ihnen im Original einsende.

Die Abrechnung erfolgt in der Weise, daß ich Ihnen am Schluß eines jeden Kalendervierteljahres einen Kontoauszug sowie eine Aufstellung über Provision und Verläge einsende.

Die Zusendung der Ware erfolgt durch Vermittlung Ihres dortigen Spediteurs, der zugleich Fracht, Versicherung und Verzollung besorgt.

Ich berichte Ihnen so oft als erforderlich über den Stand des Rauchwarengeschäfts am hiesigen Platze, nötigenfalls telegraphisch oder telephonisch.

Ich betrachte nunmehr die Geschäftsverbindung als eröffnet und werde bestens bemüht sein, sie für beide Teile nutzbringend und angenehm zu gestalten.

Ihren geschätzten Aufträgen gern entgegensehend, zeichne ich hochachtungsvoll

Max Werner.

111.

Simon frères.
28, Fbg. Poissonnière,
Paris.

Paris, den 25. Januar 19..

Herrn Max Werner, Leipzig.

Wir besitzen Ihr Geehrtes vom 22. d. M. und erklären uns mit dessen Inhalt einverstanden.

Zugleich ersuchen wir Sie, für uns bei einem leistungsfähigen Hause dort:

6 Bund Persianer

in großer Mittellocke mit hohem Glanze in der Preislage von 160—180 Mark auszuwählen.

Falls uns die Ware gefällt, werden wir Ihnen bald weitere belangreiche Aufträge zugehen lassen.

Wir bitten, uns die Sendung in Postpaketen zu 5 kg über Belgien zugehen zu lassen, und zeichnen hochachtungsvoll

p. pa. Simon frères.

M. Richard.

110.

WILLIAM HAMPTON.
Commission Agent.
Furs.
LONDON.

12, College Hill,
LONDON, 23rd October 19 . .

Messrs. Stern & Sonnenschein, Leipzig.

Dear Sirs,

I am obliged for the confidence you are good enough to repose in me and shall do my utmost to justify it.

The sale begins to-morrow and, to judge by the influx of buyers from all parts, there is likely to be some very active bidding for some lots, but I do not think there will be any difficulty in procuring what you want within your limit. I note you desire quarterly statements of account and that the original broker's invoices be forwarded to you. Your arrangement as to paying the broker over my head and settling with me later for my commission and disbursements is of course impossible in this market.

Yours faithfully,

W. Hampton.

111 (Contents included in 109).

112.

WILLIAM HAMPTON.
Commission Agent.
Furs.
LONDON.

12, College Hill,
LONDON, 25th October 19 . .

Messrs. Stern & Sonnenschein, Leipzig.

Gentlemen,

I have pleasure in forwarding you herewith Invoice of furs purchased for your a/c, from which you will observe that I was fortunate enough to get the goods well within your limit, for if this has been exceeded in two lots, the average price is considerably below it. I have no doubt you will find the goods satisfactory. I have warehoused them here as instructed.

Prices varied very considerably, even for the same varieties. Opossums, for instance, averaged about 1s. per skin, but one lot of best dark Tasmanians fetched 6s. 6d. each. Wombats, kangaroos, and wallabies averaged about 9d. each, but several parcels of the latter were run up to above 3s. Pale red foxes made as much as 27s. and 28s. a skin, while others again went for as little as 2s. 6d., and there was one lot of red Australian fox which only elicited a bid of 5d.

Yours &c.,

W. Hampton.

112.

Max Werner.
Leipzig,
Brühl 280.

Leipzig, den 28. Januar 19 . .

Herren Simon frères, Paris.

Ihrem Auftrag vom 25. d. M. gemäß ließ ich soeben:

60 Stück gefärbte Persianer

in 5 Postpaketen an Sie abgehen.

Nur durch ganz besondere Vergünstigung ist es mir gelungen, diese Ware in der gewünschten Lockung zum Preise von ℳ 180.— zu erhalten.

Da die Nachrichten aus der Bocharei über den Ausfall der diesjährigen Ernte sehr ungünstig lauten, so werden Persianer einen Preisaufschlag von 20—25 % erleiden.

Einliegend überreiche ich Ihnen die Rechnung Bernhard Jung, hier, im Original.

Hochachtungsvoll

Max Werner.

1 Faktur.

113.

Fol. 315.

Leipzig, den 28. Januar 19 . .

RECHNUNG

für Herren Simon frères, Paris.

von

Bernhard Jung.

Valuta per 6 Monat netto oder ·/. 3 % binnen 30 Tagen.

	Sie kauften und empfingen durch Herrn Max Werner, hier:				
60	gefärbte Persianer	18	—	ℳ 1080	—

114.

Simon frères.
28, Fbg. Poissonnière,
Paris.

Paris, den 1. Februar 19 . .

Herrn Max Werner, Leipzig.

Wir empfingen vorgestern Ihr Geehrtes vom 28. Januar nebst Rechnung Bernhard Jung; soeben treffen auch die darin avisierten 5 Postpakete ein.

113.

LONDON, *25th October* 19 . .

Messrs. Stern & Sonnenschein, Leipzig.

BOUGHT PER **WILLIAM HAMPTON.**

Warehoused & Insured here for your Account & Risk at *H. B. C.* Warehouse
Forward per *direct Steamer to Hamburg (later).*

Lots.	Skins.	Description.	Price.	£	s.	d.
A. F. C.						
661	*1020*	*Raw Australian Opossum*	*9d*	*38*	*5*	
2	*1150*	*do.*	*9½*	*45*	*10*	*6*
3	*1320*	*do.*	*10*	*55*		
708	*1080*	*do.*	*11½*	*51*	*15*	
9	*1250*	*do.*	*1/1*	*67*	*14*	*2*
10	*1220*	*do.*	*10½*	*53*	*7*	*6*
724	*1390*	*do.*	*9¾*	*56*	*9*	*4*
5	*1160*	*do.*	*1/2*	*67*	*13*	*4*
853	*250*	*„ Tasmanian do.*	*5/6*	*68*	*15*	
				504	*9*	*10*
		Discount 2½ %		*12*	*12*	*3*
				491	*17*	*7*
		Lot-money (1/6) . £ 0·12·0				
		Brokerage ½ % . „ 2·10·6				
		Packing . . . . . „ 2·14·0				
		Insurance 4s % . „ 1· 0·0				
		Commission 2 % . £ 10· 0·0		*16*	*16*	*6*
				£ 508	*14*	*1*

114.

STERN & SONNENSCHEIN.
Rauchwaren.
LEIPZIG.

LEIPZIG, 1st November 19 . .

Mr. W. Hampton, London.

Dear Sir,

We have received the consignment of furs with which we are on the whole pretty well satisfied, though lot 725 does not seem to us to be good value at the price, when compared with that of the others.

Die Auswahl der Persianer befriedigt uns noch nicht ganz. Die Ware ist zwar großlockig und glänzend, aber zu weich im Haar, nicht fest und gedrungen genug.

Herrn Bernh. Jung haben wir veranlaßt, den Rechnungsbetrag von ℳ 1080.— abzüglich 3% Skonto, zum Tageskurse in Franken umgerechnet, per ultimo März auf uns zu entnehmen.

Hochachtungsvoll

p. pa. Simon frères.
M. Richard.

115.

Simon frères.
28, Fbg. Poissonnière,
Paris.

Paris, den 1. Februar 19 . .

Herrn Bernhard Jung, Leipzig.

Für den Fakturenbetrag der uns durch Herrn Max Werner dort übersandten 60 Stück gefärbten Persianer, die heute ordnungsmäßig hier eintrafen, belieben Sie sich mit:

	ℳ	1080.—	
abzüglich	„	32.40	3% Skonto
	ℳ	1047.60	per ultimo März d. J.

zum Tageskurs unter Anzeige auf uns zu erholen.

Hochachtungsvoll

Simon frères.

116.

Bernhard Jung.
Leipzig,
Brühl 280.

Leipzig, den 3. Februar 19 . .

Herren Simon frères, Paris.

Der mir am 1. d. M. erteilten Ermächtigung gemäß gab ich heute:

Frs. 1296.55 per ultimo März d. J.

auf Sie ab, welche ich zum Kurs von:

80.80 t. q. =	ℳ	1047.60
zuzüglich 3% Skonto =	„	32.40
mit	ℳ	1080.—

zur Begleichung meiner Faktur vom 28. Januar d. J. verwendete.

Hochachtungsvoll

Bernhard Jung.

Though glossy and luxuriant, the coats are not always firm or thick enough for our taste.

We hereby empower you to draw on us in sterling at seven days sight for the amount of your account sales.

Yours truly,

Stern & Sonnenschein.

115.

A corresponding letter is absent in the English transaction as the buyers deal only with their agents.

Translation of German Text.

You may draw on us as under, at current rate of exchange, under advice, for the amount of Mr. Max Werner's invoice of 60 skins dyed Persians which duly arrived to day

Amount of Inovice	ℳ 1080	
Disct. 3%	„ 32·40	
Net	ℳ 1047·60	due 31 March.

116.

WILLIAM HAMPTON.
Commission Agent.
Furs.
LONDON.

LONDON, 2nd November 19 . .

Messrs. Stern & Sonnenschein, Leipzig.

I am favoured with yours of yesterday and have drawn on you for as authorised £ 508 13·1 in settlement of account.

I am sorry that you do not consider lot 725 good value but I do not think I should have got it at the money had it not come up after most of the buyers were full up, for similar lots went off at much higher rates.

I hope, however, that on the whole, the execution of your commission will induce you to entrust us with your permanent representation here.

Yours faithfully,

W. Hampton.

Verkaufskommission.

Leder.

117. Am 4. Mai 19.. bietet die Kommissionsfirma L. Ernst & Söhne, Leipzig, dem Importgeschäft Friedrich Kern, Hamburg, unter Angabe von Referenzen und Kommissionsbedingungen ihre Dienste als Verkäufer in Sohlleder an.

118. Am 11. Mai 19.. erklärt sich Friedrich Kern, Hamburg, zu einer Konsignationssendung unter den angegebenen Bedingungen bereit, wünscht aber Herabminderung der Verkaufskommission. Dem Briefe liegt:

119. Die Konsignationsfaktur über die am gleichen Tage abgehende Sendung Sohlleder bei.

120. Am 20. Mai 19.. bekennen sich L. Ernst & Söhne, Leipzig, zum Empfang der Ware, bei deren Übernahme sich eine kleine Gewichtsdifferenz ergeben hat, und erklären sich bereit, die Verkaufsprovision von $2\frac{1}{2}$% auf 2% zu ermäßigen.

121. Am 31. Mai 19.. zeigen L. Ernst & Söhne, Leipzig, ihrem Kommittenten durch Depesche und Brief an, daß sie die Konsignationssendung zum limitierten Preise verkauft haben; sie legen:

122. Verkaufsrechnung bei, deren Betrag sie nach Eingang beim Bankhause des Kommittenten: Dresdener Bank, Filiale Leipzig, erlegen werden.

123. Am 30. Juni 19.. zeigen die Leipziger Kommissionäre ihrem Kommittenten in Hamburg an, daß sie den Betrag der Verkaufsrechnung vom 31. Mai bei der Dresdener Bank, Filiale Leipzig, eingezahlt haben, und bitten um Gutschrift.

117.

L. Ernst & Söhne.
Leder-Kommission.
Leipzig,
Brühl 96.

Leipzig, den 4. Mai 19..

Herrn Friedrich Kern, Hamburg.

Ihre werte Adresse verdanken wir Herrn Kurt Hermann, dort, der uns gleichzeitig gestattet hat, uns auf ihn zu berufen, und auch gern bereit sein wird, Ihnen jede erwünschte Auskunft über uns zu erteilen.

Unser Leder-Kommissionsgeschäft besteht seit fast zehn Jahren und erfreut sich eines lebhaften Zuspruchs seitens der Konsumenten am hiesigen Platze und in ganz Sachsen.

Sales on Commission.

Cotton.

Précis.

117. 1st November 19 . . Gorse & Hawley, Liverpool, to Smyth Edgar & Co., New-York, offering to act for the latter as agents for the sale of their consignments of cotton.

118. 10th November 19 . . Smyth Edgar & Co. express their willingness to give them the agency; state terms and forward code.

119. 22nd November 19 . . Smyth Edgar & Co. write Gorse & Hawley advising despatch of cotton and confirming cablegrams to Gorse & Hawley. Pro-forma invoice enclosed.

119a. Copy of Pro-forma Invoice.

120. 21/22nd November 19 . . *Cablegrams.*

Smyth Edgar inquire as to prospects of consignors.

Gorse & Hawley recommend shipment.

Smyth Edgar advise shipment of 250 Bales of cotton and inquire on whom they are to draw.

Gorse & Hawley instruct to draw on Bank of Liverpool.

121. 30th November 19 . . Gorse & Hawley advise sale of cotton.

122. 9th December 19 . . Gorse & Hawley send account-sales to Smyth Edgar & Co.

123. 18th December 19 . . Smyth Edgar & Co. acknowledge receipt of account-sales and cable transfer of balance of proceeds.

117.

GORSE & HAWLEY.
Cotton Brokers and
Commission Agents.

LIVERPOOL, 1st November 19 . .

Messrs. Smyth Edgar & Co., New York.

Gentlemen,

We owe your address to the late firm of Henry Price & Co., who represented you for many years on our market. Their recent withdrawal from the trade leaves you, we learn, without any accredited representative, and our object in writing you is to inquire whether you would be disposed to give us the sale of cotton consigned by you to Liverpool, of course, on the usual terms prevailing in the trade.

Sollten Sie geneigt sein, uns mit dem kommissionsweisen Verkauf Ihrer Sohlleder und Kipse zu beauftragen, so können wir Ihnen in preiswerter Ware einen bedeutenden Umsatz in sichere Aussicht stellen.

Für unsere Vermittelung würden wir Ihnen $2\,^1/_2\,^0/_0$ Kommission berechnen und um Rückvergütung sämtlicher Auslagen zuzüglich des der Kundschaft etwa zu gewährenden Skontos bitten.

Wir geben uns der Hoffnung hin, daß Ihnen diese Bedingungen genehm sein werden, und zeichnen, Ihrer geneigten Antwort gern entgegensehend,

hochachtungsvoll

L. Ernst & Söhne.

118.

Friedrich Kern.
Rohprodukten-
Import und Kommission.
Girokonto: Filiale der Dresdener Bank, Hamburg.
Telegrammadresse: Kernleder.

Hamburg, den 11. Mai 19..

Herren L. Ernst & Söhne, Leipzig.

Im Verfolg Ihres gefl. Schreibens vom 4. d. M. bin ich nicht abgeneigt, Ihnen die kommissionsweise Vertreibung meiner Sohlleder und Kipse am dortigen Platze und für das Königreich Sachsen zu übertragen.

Bevor wir uns beiderseitig binden, möchte ich Ihnen eine Wagenladung Sohlleder zu den angegebenen Bedingungen in Konsignation geben.

Ich hoffe, daß Sie sich unter Berücksichtigung der Preiswürdigkeit meiner Ware entschließen werden, die geforderte Verkaufsprovision von $2\,^1/_2\,^0/_0$ auf $2\,^0/_0$ zu ermäßigen.

Ein solches Entgegenkommen Ihrerseits würde selbstverständlich meine endgültige Entschließung wesentlich erleichtern; der größere Umsatz würde Sie für den Ausfall sehr bald entschädigen.

Ich darf mich wohl einer wohlwollenden Berücksichtigung meines Vorschlags versichert halten und übersende Ihnen heute direkt und franko in Wagenladung, zum kommissionsweisen Verkauf:

80 Bürden Sohlleder,

worüber ich Ihnen Konsignationsrechnung beifüge.

Ich bitte, mir den Eingang der Ware sofort anzuzeigen, und sehe baldiger Zusendung der Verkaufsrechnung gern entgegen.

Sollte ein kleiner Preisnachlaß Ihnen den Verkauf des ganzen Postens ermöglichen, so bitte ich um telegraphische Mitteilung.

Eingänge zugunsten meines Kontos bitte bei der dortigen Filiale der Dresdener Bank erlegen zu wollen.

Hochachtungsvoll

Konsignationsfaktur.

Friedrich Kern.

Presuming that we are as well known to you as you to us we do not think it will be necessary to exchange references.

Trusting to receive an early reply, we remain, gentlemen,

Yours faithfully,

Gorse & Hawley.

118.

SMYTH EDGAR & CO.
NEW YORK.

NEW YORK. 10th November 19 . .

Messrs. Gorse & Hawley, Liverpool.

Dear Sirs,

We have received your letter of ist inst and are not indisposed to entrust you with the disposal of our consignments to your port, transferring to your goodselves the agency lately held by Messrs. Price & Co. Before however we come to a mutual engagement, we should like to make an experimental consignment of a couple of hundred bales. We hope however that in view of the great volume of business we should put into your hands you would be content to accept 1 % Commission including brokerage. Any concession on this point would of course affect my decision and the large turn-over would compensate you very quickly for the apparently low terms.

Counting on your favourable consideration of this arrangement we propose to ship a parcel at an early date and look forward to a prompt and profitable account-sales. I shall enter the cotton at the figure which affords me an average profit, but you may concede a point or two in a falling market. We shall draw as formerly on the Bank of Liverpool and shall be obliged if you will arrange to have our drafts protected.

Yours faithfully,

Smyth Edgar & Co.

Friedrich Kern.
Rohprodukten-
Import und Kommission.
Girokonto: Filiale der Dresdener Bank,
Hamburg.
Telegrammadresse: Kernleder.

119.

Hamburg, den 11. Mai 19 . .

Konsignationsfaktur

für Herren L. Ernst & Söhne, Leipzig.

Ich versandte heute per Bahn, direkt und franko an Ihre Adresse, *zum kommissionsweisen Verkauf:*

		auf meine Rechnung und Gefahr mit Ziel 6 Monat . . oder per Kasse mit 2 % Skonto:
F. K.	1—40	An 40 Bürden Sohlleder I 8010 Pfd. à 1.10
F. K.	41—60	„ 20 „ do. II 4005 „ à 1.—
F. K.	61—80	„ 20 „ do. III 3810 „ à —.80

119.

PRO-FORMA INVOICE *of 250 Bales Good Middling Texas Cotton shipped in New York per S. S. "Louisiana" to Liverpool for Account & Risk of whom it may concern.*

T > 1201 1450	*250 Bales Texas Cotton Good Middling f. o. b.*			
	125,000 @ 8·70 cts. f.	*$ 10·875*	*0*	*0*
	Draft on Bank of Liverpool 90 %	*£ 2018*	*0*	*0*
	$ 9787·50 Exchange @ 4·85			
	Insurance effected here			
	Smyth Edgar & Co.			
	New York, 22nd Novr 19 . .			

Documents to be surrendered on payment. Rebate at 5% allowed.

120.

L. Ernst & Söhne.
Leder-Kommission.
Leipzig,
Brühl 96.

Leipzig, den 20. Mai 19 . .

Herrn Friedrich Kern, Hamburg.

Soeben ist die mit Ihrem Geehrten vom 11. d. M. fakturierte Wagenladung Sohlleder eingetroffen.

Wir haben die Ware sofort auf Lager genommen.

Die sich bei Abnahme hier ergebenden Gewichte betrugen für:

40	Bürden Sohlleder	I	8007	Pfd.
20	„ „	II	3999	„
20	„ „	III	3804	„

Die Qualität entspricht unseren Erwartungen, wir glauben, auf schlanken Absatz rechnen zu dürfen.

Ihren Wunsch, die Verkaufskommission von $2^1/_2$ auf 2 % ermäßigt zu sehen, haben wir ernstlich erwogen und erklären uns hierdurch bereit, denselben zu erfüllen, obgleich wir bisher noch nie zu diesem niedrigen Satze gearbeitet haben.

Wir gehen bei unserer Entschließung von der Annahme aus, daß größere Umsätze uns für den Ausfall entschädigen werden, und bitten, uns den Vertrieb Ihrer Ware durch geeignete Auswahl bei den Konsignationssendungen, bei großen Umsätzen wohl auch durch entsprechenden Preisnachlaß zu erleichtern.

Für die heute eingegangene Sendung bringen wir bereits den Kommissionssatz von 2 % in Anrechnung.

Hochachtungsvoll
L. Ernst & Söhne.

121.

Telegraphie des Deutschen Reichs.

Kernleder Hamburg verkauften Sohlleder nach Limit. Ernst Söhne.

120. 121.

CABLEGRAMS.

	Code.	Decoded.	Date.
	Gorley,	Gorse & Hawley.	
	Smedgar,	Smyth Edgar & Co.	
		1.	
To	Gorley,		21st November.
	hermes,	Would you advise shipments at present?	
From	Smedgar.		
		2.	
To	Smedgar,		21st November.
	hermeador,	There is very little risk in shipping.	
	lechzen,	In spite of market opening weak.	
From	Gorley.		
		3.	
To	Gorley		22nd November.
	hevaux,	are shipping the following number of bales by steamer.	
	bombardier,	250.	
	algeva,	good Middling Texas.	
	kissing,	this week.	
	louisiana,	per Steamer Louisiana.	
	aekueerin,	cost 8,70 cents free on board.	
	nestorian,	insurance effected here.	
From	Smedgar.		
		121.	
To	Smedgar,		30th November.
	catalonia	have sold 250 bales.	
	ankueerinen,	445/100 pence.	
From	Gorley.		

(To cable arrival of Cotton specially is unnecessary, as the arrival of Steamer would be noted in ordinary telegraphic reports.)

L. Ernst & Söhne.
Leder-Kommission.
Leipzig,
Brühl 96.

Leipzig, den 31. Mai 19..

Herrn Friedrich Kern, Hamburg.

Wir bestätigen unsere Depesche: „Verkauften Sohlleder nach Limit" und überreichen Ihnen beigeschlossen über die von uns am 20. d. M. auf Lager genommene Ledersendung Verkaufsrechnung, laut welcher Ihr wertes Konto mit:

M 15211.45 per Kasse

erkannt wurde.

Anschaffung werden wir Ihnen aufgabegemäß durch Filiale der Dresdener Bank sofort nach Eingang zugehen lassen.

Da es uns so schnell gelungen ist, den Verkauf unter voller Wahrung Ihrer Interessen zu bewerkstelligen, dürfen wir weiteren Konsignationen wohl entgegensehen und zeichnen

hochachtungsvoll

L. Ernst & Söhne.

Verkaufsrechnung.

122.

Verkaufsrechnung

über 80 Bürden Sohlleder für Rechnung von

Herrn Friedrich Kern, Hamburg,

von

L. Ernst & Söhne.

F. K.	1—40	40 Bürden Sohlleder I	8007 Pfd. à 1.10	M	8807	70
F. K.	41—60	20 „ „ II	3999 „ à 1.—	„	3999	—
F. K.	61—80	20 „ „ III	3804 „ à 0.80	„	3043	20
				M	15849	90
		Spesen:				
		ab Roll- und Wiegegebühren	M 3.65			
		2% Skonto	„ 317.—			
		2% Kommission	„ 317.—			
		Depesche und Porti . . .	„ —.80		638	45
			Reinertrag per Kasse	M	15211	45

122.

ACCOUNT SALES *250 Bales American Cotton sold per* GORSE & HAWLEY FOR ACCOUNT Messrs. *Smyth, Edgar & Co., New York.*

LIVERPOOL, *9th December 19 . .*

◇ 1201/1450	250 Bales Texas Good Middling,						
	124375 lbs. gross.						
	1650 1500 Bands at 10/11*						
	122725						
	4909 4% Tare and Draft.						
	117816 at 4·95 pence				£ 2429	18	10
	Charges.						
	Freight $\frac{1}{8}$d p. lb. 5%	68	15	7			
	Dock and Town Dues 2/– p. ton	5	12				
	Landing charges						
	Warehousing and Cartage $\frac{1}{1}$ & 10%	14	16	10			
	Mending 6d. p. bale on 157 bales	3	18	6			
	Warehouse Rent, $\frac{3}{4}$d p. week (2)	1	11	3			
	Bank Comm. $\frac{1}{8}$% on £ 2018	2	10	6			
	Commission, 1%	25					
	Interest on Charges, 10 days 5%		3				
	Fire Insurance 3s/– % (£ 2800)	4	4				
	Cablegrams and Petties . .	1			127	11	8
					2302	7	2
	Amount of Draft 22nd Novr.				2018		
	Amount of Cable Transfer to-day as balance in full of this concern				£ 284	7	2

* 10 Bands weigh 11 lbs.

E. & O. E.

Gorse & Hawley.

123.

L. Ernst & Söhne.
Leder-Kommission.
Leipzig,
Brühl 96.

Leipzig, den 30. Juni 19..

Herrn Friedrich Kern, Hamburg.

Zum Ausgleich der Ihnen am 31. Mai d. J. behändigten Verkaufsrechnung erlegten wir heute auf Ihr Girokonto bei der hiesigen Filiale der Dresdener Bank zu Ihren Gunsten:

ℳ 15211.45,

um deren gefl. Gutschrift wir bitten.

Hochachtungsvoll

L. Ernst & Söhne.

123.

SMYTH EDGAR & CO
Cotton Merchants.

NEW YORK, 18th December 19 . .

Messrs Gorse & Hawley, Liverpool.

Gent^{n},

We are favoured with a/c sales of 250 Bales Cotton ⟨T⟩ 1201/1450 showing proceeds £ 2302·7·2 for which amount we have already been put in cash as noted below. This consignment has not proved very remunerative but we suppose we ought not to complain, considering the high prices ruling in this market. It is natural that Buyers on your side should be standing off for a fall and we are not sorry you disposed of the cotton so promptly.

Yours faithfully,

Smyth Edgar & Co.

Amount of a/c Sales		£ 2302·7·2
Dft. on Liverpool	2018	
Your Cable transfer	284·7·2	2327·7·2

D. Das Speditionsgeschäft.

Speditionsgeschäft. Man nennt Speditionsgeschäft die gewerbsmäßig für Rechnung der Auftraggeber bewirkte Versendung von Waren (Gut, Speditionsgut).

Der Spediteur besorgt die Versendung, Umladung, Empfangnahme, Weiterbeförderung und Einlagerung der Güter in seinem eigenen Namen entweder für eigene oder für fremde Rechnung.

Nachnahme, Verzollung. Außer der Versendung des Gutes besorgt der Spediteur sehr häufig die Einziehung der Geldbeträge, die in Form von Nachnahmen oder Vorausbezahlungen auf das Gut erhoben werden können, und erledigt die Formalitäten, die zu erfüllen sind, wenn das Gut über die Zollgrenze geht.

Frachtführer, Verfrachter. Bei der Beförderung zu Lande oder auf Binnenwässern bedient sich der Spediteur der Vermittlung der Frachtführer (Fuhrleute, Eisenbahnen, Schiffer); bei Beförderung zur See der Vermittlung des Verfrachters (Reeder, Charterer).

Versicherung. Die Versicherung wird bei einer Transportversicherungsgesellschaft bewirkt, sie erstreckt sich: auf Verlust des Gutes; auf Beschädigung des Gutes; auf verspätete Lieferung des Gutes.

Prämie, Police. Die Gebühr, welche die Versicherungsgesellschaft für die übernommene Ersatzpflicht erhebt, heißt Prämie; der Versicherungsvertrag wird Police genannt. Lautet der Versicherungsvertrag auf sämtliche Transporte, die der Versicherte innerhalb eines gewissen Zeitraums anmeldet, so spricht man von einer Pauschal- oder Generalpolice.

Voraus-, Nachzahlung. Die Fracht wird entweder vom Absender oder vom Empfänger des Gutes erlegt. Trägt der Empfänger die Fracht, so pflegt sich der Spediteur durch Nachnahme oder Barvorschuß für seine Auslagen und seine Mühwaltung bezahlt zu machen.

Im überseeischen Verkehr sind Gelderhebungen auf Versandgüter nicht üblich. In Hafenplätzen wird deshalb die Auszahlung der Nachnahmen und Barvorschüsse einem Bankhaus übertragen, bei dem der Spediteur die Gelder erhebt.

Tariffracht, Übernahme. Als Fracht wird entweder: der wirkliche Frachtsatz (reine Bahnfracht, reine Seefracht) zuzüglich der Nebenkosten, die der Spediteur einzeln verrechnet, und einer Speditionsprovision, die je nach Art des Transportes als Rollgeld, Einladekosten, Ausladekosten usw. bezeichnet wird, in Anrechnung gebracht; oder es wird mit dem Spediteur ein Frachtsatz in Bausch und Bogen (Übernahmesatz, Übernahmepreis, Aversionalfracht) vereinbart; in diesem vereinbarten Preis sind dann sämtliche Nebenkosten enthalten.

D. Transport.

Forwarding aud Express Agents are those whose business it is to receive goods from their customers and forward them to their destination. Apart from parcels traffic, which is worked by the Post Office and Pacels Express companies, forwarding agents have little to do with the transport of goods in the British *Home* Trade. The railway, canal and coast-wise steam-boat companies mostly collect the goods for themselves. "Pack-Parcels" (Sammelgüter) are almost unknown. Special rates by railway are forbidden by law. Custom-House formalities are carried out by forwarding and shipping agents for clients in the *export* and *import* trade. They procure bills of lading and fulfil customs requirements for out-going goods. They pay freight, landing charges, and duty on incoming goods, and either despatch them to their inland customers or warehouse them in their own name.

Carriers is the official designation of carters, team-owners, railway, shipping, canal or other transport undertakings. Transport is regulated by the acts of par liament 1873, 1888, 1891, 1892.

Insurance is the guarantee (Policy of Insurance) delivered to the owner of goods or his agent against payment of a percentage ("premium") on the value. The insurers (Company or Underwriters) will make good any loss arising from accident during the transport by sea (marine insurance) or the storage (country or fire insurance) of the merchandise in question. An Open Policy is a guarantee to cover loss on any or all consignments up to a certain amount, the value of each consignment being advised and written off as it occurs.

Freight or Carriage of goods may be paid on despatch (in advance) or on delivery ("charges forward"). The forwarding agent may pay in advance and procure payment afterwards from his customer. Over-sea freight either outward or inward is almost invariably paid in England itself, *i. e. in advance* on *outward* goods and *on arrival* on *import* goods. In paying for C. & F. (price includes cost and freight) goods the freight if paid by the buyer is deducted.

The forwarding agent, railway or other carrier adds to the charge for carriage any petty or extra disbursements and a commission for his trouble.

The correspondence arising out of ordinary transport transactions is extremely formal and consists almost entirely in filling out printed documents; (forwarding notes, way-bills, bills of lading, charter-parties, etc.)

The correspondence arising out of irregularities in transport (damage, delay, loss, and miscarriage) is extremely varied.

Inquiries respecting rates of freight, special arrangements and endeavours to procure cargo for out-going ships etc., also give rise to a varied correspondence.

Briefwechsel. Der Briefwechsel des Spediteurs ist bei der vielseitigen Tätigkeit desselben sehr mannigfaltig, sobald Geschäftseröffnung, Anknüpfung neuer Geschäftsverbindungen, Erledigung von Schadenersatzansprüchen und Streitigkeiten aller Art berücksichtigt werden sollen.

Zwischen Spediteur einerseits und Frachtführer oder Verfrachter andererseits beschränkt sich der schriftliche Verkehr für gewöhnlich auf die Ausfertigung der Begleitpapiere: Frachtbrief, Ladeschein, Versandaufgabe, Anlieferungsschein, Konnossement, Zolldeklaration, Begleitschein usw.

Zwischen Spediteur einerseits und Absender oder Empfänger des Gutes andererseits ist der regelmäßige briefliche Verkehr ebenfalls zum großen Teil auf Ausfüllung vorgedruckter Brief- oder Postkartenformulare beschränkt.

Im Einzelfalle erstrecken sich die Verhandlungen auf folgende Punkte:

Versandbedingungen	Der Absender (Empfänger) an den Spediteur. Der Spediteur an den Absender (Empfänger).
Auftragserteilung	Der Absender (Empfänger) an den Spediteur. Der Spediteur an den Absender (Empfänger).
Ausführungsanzeige	Der Spediteur an den Absender. Der Empfänger an den Spediteur.
Abrechnung	Der Spediteur an den Absender. Der Absender an den Spediteur.

Briefe im Speditionsgeschäft.

Einzelsendung gegen Frachtübernahme.

Die Transportspesen gehen zu Lasten des Käufers.

124. Am 4. August 19.. fragt Robert Haas, Leipzig, bei Spediteur C. G. Lentsch, Leipzig, an, zu welchem Satze er die Überführung von rund 4000 Kilo Wein von Rivesaltes (Pyrénées Orientales) nach Leipzig übernehmen würde.

125. Am 4. August 19.. stellt C. G. Lentsch, Leipzig, dem Fragesteller zwei Übernahmen an, je nachdem die Ware zu Lande oder zu Wasser reisen soll.

126. Am 5. August 19.. erklärt sich Robert Haas, Leipzig, für den Seeweg; er beauftragt C. G. Lentsch, Leipzig, mit der Versendung und Versicherung und stellt ihm das Gut bei Lecomte Frères, Rivesaltes, zur Verfügung.

The English transport agencies do not fulfil the same rôle as the Continental "Spediteur". They do not make advances nor collect any debts save those for actual carriage & incidental expenses. English *"per goods Train"* corresponds to the German *"Eilgut"*. All goods are expected to reach their destinction at once.

ENGLISH RAILWAY RATES AND CHARGES.

Maximum Rates for Conveyance.

According to Railway Charges Acts.

Maximum rates for conveyance, per ton per mile, for consignments comprised in the undermentioned classes:—

Classes of Goods With Examples & Minimum Quantities	First 20 miles or under	Next 30 miles or under	Next 50 miles or under	Remainder of distance
	Pence	Pence	Pence	Pence
A (Heavy Ores . . 4 Tons	0·95	0·85	0·50	0·40
B (Metals) . . . . . 4 „	1·25	1·00	0·80	0·50
C (Chemicals) . . . 2 „	1·80	1·50	1·20	0·70
1 (Raw Cotton) . . 3 cwt.	2·20	1·85	1·40	1·00
2 (Raw Wool) . . . 3 „	2·65	2·30	1·80	1·50
3 (Cloth) . . . . . . 3 „	3·10	2·65	2·00	1·80
4 (Half Silks) . . . 3 „	3·60	3·15	2·50	2·20
5 (Silks, Tea) . . . 3 „	4·30	3·70	3·25	2·50

"Smalls". Goods under 3 cwt., 5d to 1 6 per parcel extra.

Maximum Station and Service Terminals.

	Maximum Terminals				
	Station terminal at each end	Service Terminals.			
		Loading	Unloading	Covering	Uncovering
Class A	0·3	—	—	—	—
„ B	0·6	—	—	—	—
„ C	1·0	0·3	0·3	0·1	0·1
„ 1	1·6	0·5	0·5	0·1½	0·1½
„ 2	1·6	0·8	0·8	0·2	0·2
„ 3	1·6	1·0	1·0	0·2	0·2
„ 4	1·6	1·4	1·4	0·3	0·3
„ 5	1·6	1·8	1·8	0·4	0·4

127. Am 5. August 19.. beauftragt C. G. Lentsch, Leipzig, Lecomte Frères, Rivesaltes, damit, die ihm von Robert Haas, Leipzig, zur Verfügung gestellte Weinsendung an Léon Didier, Marseille, zu weiterer Verfügung abzusenden.

128. Am 5. August 19.. beauftragt C. G. Lentsch, Leipzig, Léon Didier, Marseille, damit, die ihm von Lecomte Frères, Rivesaltes, zu seiner Verfügung zugehende Weinsendung unversichert und unter Nachnahme der Spesen zu den früher vereinbarten Spesensätzen mit dem ersten nach Hamburg abgehenden Dampfer an Order zu verladen und ihm 3 Konnossemente einzuschicken.

129. Am 15. August 19.. meldet Léon Didier, Marseille, an C. G. Lentsch, Leipzig, daß er die ihm am 5. August übertragene Weinsendung aus Rivesaltes mit Dampfer „Carnot" nach Hamburg an Order und unter Spesennachnahme verladen habe.

130. Am 21. August 19.. überreicht C. G. Lentsch, Leipzig, der Leipziger Generalagentur der „Badischen Schiffahrts-Assekuranz-Gesellschaft" ein Konnossement und bittet um Versicherung in Höhe von 1500 Mark.

131. Am 21. August 19.. beauftragt C. G. Lentsch, Leipzig, N. Luchting & Co.' Hamburg, mit Übernahme und Weiterbeförderung der an seine Order von Léon Didier, Marseille, eingehenden Weinsendung. Er legt ein indossiertes Konnossement bei und schreibt Wasserweg bis Wallwitzhafen vor.

132. Am 6. September 19.. bittet Robert Haas, Leipzig, C. G. Lentsch, zwei von den sechs Fässern der Sendung aus Rivesaltes von Hamburg direkt an „Berliner Spediteurverein, Berlin", zu schicken; die übrigen vier Fässer sind aufgabegemäß zu behandeln.

133. Am 6. September 19.. übermittelt C. G. Lentsch, Leipzig, den vorstehenden Auftrag an N. Luchting & Co., Hamburg.

134. Am 7. September 19.. melden N. Luchting & Co., Hamburg, daß die Sendung Léon Didier, Marseille, bereits auf Elbkahn 8 verladen und unter Spesennachnahme an Speditionsverein Wallwitzhafen abgegangen sei, der sie zur Verfügung von C. G. Lentsch halte.

135. Am 9. September 19.. beauftragt C. G. Lentsch, Leipzig, den Speditionsverein Wallwitzhafen damit, zwei Fässer direkt an „Berliner Spediteurverein" Berlin, zu schicken, die übrigen vier nach Leipzig zu verladen.

136. Am 16. September 19.. zeigt Speditionsverein Wallwitzhafen C. G. Lentsch, Leipzig, die Verladung an.

137. Am 21. September 19.. zeigt C. G. Lentsch, Leipzig, seinem Auftraggeber Robert Haas, Leipzig, an, daß der Auftrag vollzogen ist, und überreicht Spesennota mit der Bitte um Gutschrift des Betrags.

138. Spesennota von C. G. Lentsch, Leipzig, für Robert Haas, Leipzig.

Shipping & forwarding.
Single through rate transaction.

Précis.

124. 4th August 19 . . Lacy & Co., London invite Hewitt & Jones, forwarding agents, Manchester, to quote a through rate for goods from Manchester to Paris.

125. 5th August 19 . . Hewitt & Jones quote rates a requested.

126. 7th August 19 . . S. Lacy & Co. request Hewitt & Jones to receive and forward goods lying with Steele & Hardman in Manchester.

127. 7th August 19 . . S. Lacy & Co. request Steele & Hardman to deliver to Hewitt & Jones the 32 cases rubber lying in their hands.

128. 8th August 19 . . Hewitt & Jones advise, Steinway & Co., Liverpool, that they have forwarded goods to be shipped for Havre.

129. 9th August 19 . . Steinway & Co. inform the Hewitt & Jones that they have sent the goods via Liverpool & Havre.

130. 8th August 19 . . Insurance Note from Lacy & Coy. to the Marine Insurance Co., Liverpool, instructing them to insure rubber to Havre.

131. 10th August 19 . . Steinway & Co. to their agent Fournier in Havre, advising shipment of rubber to him and requesting him to do the needful at Havre and send on the goods to their destination.

132. 9th August 19 . . Lacy & Co. to Hewitt & Jones countermanding instructions.

133. 10th August 19 . . Hewitt & Jones to Steinway & Co. requesting him to hold goods.

134. 10th August 19 . . Steinway to Hewitt & Jones acknowledging alteration in instructions.

135. 16th August 19 . . Societé de Caoutchouc instruct Fournier to send on goods.

136. 16th August 19 . . F. Fournier, Havre advises the Hewitt & Jones that the goods have arrived in Havre and have been forwarded to Clichy.

137. 18th August 19 . . Hewitt & Jones send account of total forwarding charges to S. Lacy & Co., London.

138. Account of forwarding charges.

124.

Robert Haas.
Weinhandlung.

Leipzig, den 4. August 19..

Herrn C. G. Lentsch, Leipzig.

Ich habe in Rivesaltes (Pyrénées Orientales) eine Partie Wein von rund 4000 Kilo gekauft und bitte Sie um gefl. Auskunft, zu welchem Preise Sie den Transport nach Leipzig übernehmen würden.

Sie wollen Ihre Frachtrate billigst kalkulieren; ich lasse ein Hamburger Speditionshaus in Konkurrenz treten.

Da der Wein versandbereit lagert, erbitte ich mir umgehend Ihre Mitteilung.

Hochachtungsvoll

Robert Haas.

125.

C. G. Lentsch.
Spedition, Kommission und Inkasso.

Leipzig, den 4. August 19..

Herrn Robert Haas, Leipzig.

In umgehender Beantwortung Ihrer gefl. Anfrage von heute teile ich Ihnen mit, daß ich Ihnen für die betreffende Sendung Wein in Fässern im Gewicht von ca. 4000 kg zwei Transportwege vorschlagen kann.

Bei Verladung auf dem Wasserwege via Marseille—Hamburg per Elbkahn bis Wallwitzhafen würde ich den Transport ab Rivesaltes (Pyrénées Orientales) bis Haus Leipzig mit ℳ 7.30 die $^0/_0$ kg exkl. Konnossement, Stempel, Zoll und Zollspesen — Assekuranz 1 $^0/_0$ — übernehmen.

Die Reisedauer würde allerdings ungefähr 45 Tage betragen, während dieselbe auf dem Landweg — ab Marseille per Eisenbahn über Genf bis hier — nur etwa 18 Tage ausmachen würde.

Meine Frachtübernahme per Landweg würde ich Ihnen ab Rivesaltes bis Haus Leipzig, jedoch ausschließlich Zoll und Zollspesen, Einschreibegebühr, Stempel und Grenzgebühren billigst mit ℳ 13.— die $^0/_0$ kg — Assekuranz 1 $^0/_0$ — berechnen.

Ich hoffe, daß Ihnen vorstehende Sätze Konvenienz bieten, und bitte Sie, mir den in Frage kommenden Posten bei Ihrem Verkäufer zur Verfügung zu stellen.

Hochachtungsvoll

C. G. Lentsch.

124.

SAMUEL LACY & CO.
Colonial Produce Merchants.

Mark Lane,
LONDON, 4th August 19 . .

Messrs. Hewitt & Jones, Forwarding-Agents, Manchester.

Gentlemen,

We have a quantity of Rubber Waste lying with Messrs. Steele & Hardman in your city, and are anxious to have it forwarded to Paris or possibly to Lyons. We should be glad if you would quote us through rates by alternative routes to the towns named.

Yours truly,

S. Lacy & Co.

125.

HEWITT & JONES.
Forwarding Agents & Carriers.

MANCHESTER, 5th August 19 . .

Messrs. Lacy & Co., London.

Dear Sirs,

I reply to your inquiry of the 4th inst. We beg to quote you rates for rubber to the following towns;

Per direct steamer, Manchester to Treport,

Lyons (station)	5 ton trucks	60/3;	less lots	67/3	per 1000 Kilos.
Paris	do.	do. 22/6;	do.	29/9	do.

Per rail to Liverpool & steamer to Havre. irrespective of quantity, 28/-. Customs dues not included.

We regret being unable to quote a through rate by the route, via Havre but may observe that the sailings are much more frequent, and it is we think on the whole more expeditious.

Awaiting your kind instructions, we are, dear Sirs,

Yours truly,

Hewitt & Jones.

126.

Robert Haas.
Weinhandlung.

Leipzig, den 5. August 19..

Herrn C. G. Lentsch, Leipzig.

Auf Grund der mir mit Ihrem gestrigen Briefe angestellten Frachtübernahme von ℳ 7.30 für 100 Kilo will ich Ihnen den Transport der in Rivesaltes für mich lagernden Weinsendung via Hamburg—Wallwitzhafen übertragen.

Ich habe Ihnen die Sendung bei Herren Lecomte Frères in Rivesaltes (Pyrénées Orientales) zur Verfügung gestellt.

Sie wollen dieselbe mit erstem Dampfer verladen lassen und Assekuranz mit ℳ 1500.— decken.

Ich bitte, den Wein nach Eingang in Leipzig zu verzollen und mir zuzustellen.

Hochachtungsvoll

Robert Haas.

127.

C. G. Lentsch.
Spedition, Kommission und Inkasso.

Leipzig, den 5. August 19..

Herren Lecomte Frères, Rivesaltes.

Seitens des Herrn Robert Haas, Leipzig, ist mir bei Ihnen eine Partie Wein von ca. 4000 kg zur Verfügung gestellt worden.

Ich bitte, denselben schleunigst an Herrn Léon Didier in Marseille zu meiner Verfügung abzurichten, und empfehle mich Ihnen hochachtungsvoll.

C. G. Lentsch.

126.

SAMUEL LACY & CO.
Colonial Produce Merchants.

Mark Lane,
LONDON. 7th August 19 . .

Messrs. Hewitt & Jones, Manchester.

Gentlemen,

Thanking you for your prompt answer to our inquiry, we shall be obliged if you will take delivery from Messrs. Steele & Hardman, Manchester, of 32 Cases Rubber Waste lying in their hands at our disposition, and forward same to Société de Caoutchouc, Clichy Paris per L'pool Havre route. We enclose Delivery Order addressed to Messrs. Steele & Hardman.

You need not trouble about Insurance as we shall see to that ourselves. We should be glad if you would ship the goods by the first steamer and arrange for duty to be paid at Havre (not forwarded in bond to Clichy).

Yours truly,

L. Lacy & Co.

1 encl.

127.

DELIVERY ORDER.

LONDON, *7th August* 19 . .

Messrs. *Steele & Hardman, Manchester.*

Please Deliver to Messrs. *Hewitt & Jones* .... or order
The undernoted goods now lying at .... *your* .... warehouse
at my disposal.

S. Lacy & Co.

⟨L⟩ *1/32 Cases Rubber Waste.*

128.

C. G. Lentsch.
Spedition, Kommission und Inkasso.

Leipzig, den 5. August 19..

Herrn Léon Didier, Marseille.

Sie empfangen auf meine Veranlassung von Herren Lecomte Frères in Rivesaltes (Pyrénées Orientales) eine Partie Wein von ca. 4000 kg, welche Sie prompt mit erstem Dampfer — auf Grund Ihres mir im Mai erteilten Frachtsatzes von Fr. 45.— per Tonne — nach Hamburg an Order verladen wollen.

Ihre Spesen sind nachzunehmen, Assekuranz decke ich selbst.

Ich erwarte 3 Konnossemente und empfehle mich Ihnen hochachtungsvoll.

C. G. Lentsch.

129.

Léon Didier.
Transports pour tous pays.

Marseille, den 15. August 19..

Herrn C. G. Lentsch, Leipzig.

Im angenehmen Besitz Ihres Schreibens vom 5. d. M. teile ich Ihnen ganz ergebenst mit, daß die Sendung 6 Faß Wein:

R. H.	419	Brutto	685	kg
„	420	„	693	„
„	421	„	708	„
„	422	„	696	„
„	423	„	682	„
„	424	„	701	„
		Brutto	4165	kg

aus Rivesaltes gestern hier anlangte und bereits heute mit Dampfer „Carnot“ der „Compagnie Marseillaise de Navigation à Vapeur“ nach Hamburg abgegangen ist.

Selbstverständlich habe ich die Fracht nach der in Ihren Händen befindlichen Liste mit Fr. 45.— per Tonne berechnet und meine Barvorschüsse und Vorspesen Rivesaltes—Marseille mit Fr. 44.— nachgenommen.

Einliegend diene ich Ihnen mit 3 an Order gestellten Konnossementen. Ich wünsche Ihnen besten Empfang der Sendung und sage Ihnen meinen verbindlichsten Dank für freundliche Zuteilung dieses Postens.

Stets gern zu Ihren Diensten, begrüße ich Sie mit vorzüglicher Hochachtung.

Léon Didier.

128.

ADVICE NOTE.

HEWITT & JONES.
Forwarding Agents & Carriers.

To Messrs. *Steinway & Co., Liverpool.*

We beg to advise having forwarded the undermentioned goods per ***Midland Rail.***
To ***Alexandra (Basin 2)*** Dock for shipment per S. S. ***Liverpool*** to ***Havre.***
B/L to be made out to ***F. Fournier;*** freight, duty, and charges to
Debit of ***Ourselves.***

Marks	Nos	Packages	Contents	Value		Measurements					Weights		
											¢	qrs.	lbs.
L	*1 32*	*32 Cases*	*Rubber*	*18*	*10*	—	—	—	—	—	*37*	*1*	*2*

Manchester, *8th August* 19 . . *Hewitt & Jones.*

129.

LIVERPOOL, *9th August* 19 . .

This is to certify that the undernoted goods were delivered to us in good order and condition on the *9th August* 19 . . for shipment to *Havre.*

Steinway & Co.

To Messrs. *Hewitt & Jones, Manchester.*

				¢	qrs.	lbs.
L	1 32	*10 Cases*	*Rubber Waste*	*37*	*1*	*2*

The Bills of Lading have been made out in name of F. Fournier our agent in Havre and forwarded to him.

Steinway & Co.

130.

C. G. Lentsch.
Spedition, Kommission
und Inkasso.

Leipzig, den 21. August 19 . .

Badische Schiffahrts-Assekuranz-Gesellschaft,
General-Agentur Leipzig.

Ich behändige Ihnen einliegend Konnossement über am 10. August a. c. von Marseille abgegangene Sendung Wein R.H. 419/424, die Sie auf Grund meiner Versicherungs-Police No. 7325 mit ℳ 1500.— bis hier versichern wollen.

Hochachtungsvoll

C. G. Lentsch.

131.

C. G. Lentsch.
Spedition, Kommission
und Inkasso.

Leipzig, den 21. August 19 . .

Herren N. Luchting & Co., Hamburg.

Einliegend empfangen Sie von mir an Sie giriertes Orderkonnossement über ab Marseille per Dampfer „Carnot" nach dort unterwegs befindliche:

R.H. 419/424; 6 Faß Wein brutto 4165 kg,

welche Sie nach Empfang transito per Wasser via Wallwitzhafen an mich

Station Leipzig, Zollamt a. Berliner Bahnhof

weiterschicken wollen.

Ich setze voraus, daß Sie Ihre Frachtübernahme laut Ihrem Tarifheft vom April d. J. ab Hamburg bis Bahnhof Leipzig mit ℳ 1.25 und 60 Pf. Leichtergebühren und Transportspesen noch einhalten.

Ihrer Versandanzeige gern gewärtig,

hochachtungsvoll

C. G. Lentsch.

130.

No. ...... MANCHESTER. 8th August 19 . .

To the *Union Marine Insurance Company, Limited.*

Please to Insure	PARTICULARS.
on 32 Cases Rubber. per S. S. Liverpool. at and from Liverpool. to Havre. £ 200 @ 10 — per cent. Policy in name of S. Lacy & Co. Policy to Debit of do.	⟨L⟩ 1/32 32 Case Rubber Waste.

S. Lacy & Co.

131.

STEINWAY & CO.
Shipping Agents.

LIVERPOOL, *10th August* 19 . .

To *Mr. Fr. Fournier, Le Havre.*

We beg to advise having forwarded you to-day per S. S. *Liverpool.*
The undernoted goods to be forwarded to *Messrs. Société de Caoutchouc, Clichy.*
For account of *Messrs. S. Lacy & Co., London.*
Freight paid here.
Railway carriage *Ourselves.*
Duty & customs charges *do.*

(Registered.)

Bill of Lading enclosed.

Steinway & Co.

132.

Robert Haas.
Weinhandlung.

Leipzig, den 6. September 19..

Herrn C. G. Lentsch, Leipzig.

Von der Weinsendung, deren Transport ich Ihnen am 5. August a. c. übertragen habe, sind inzwischen zwei Fässer nach Berlin verkauft worden.

Es wäre mir lieb, wenn Sie die Fässer 423/424 von der für mich bestimmten Sendung trennen und unverzollt direkt an Berliner Spediteurverein, Berlin, zu meiner Verfügung gehen ließen.

Hochachtungsvoll

Robert Haas.

133.

C. G. Lentsch.
Spedition, Kommission und Inkasso.

Leipzig, den 6. September 19..

Herren N. Luchting & Co., Hamburg.

Ich schätze Sie im Besitz des Ihnen am 21. August a. c. übersandten Konnossements.

Soeben geht mir von meinem Auftraggeber abgeänderte Verfügung zu. Von den 6 Fässern Wein sollen nur 4 Fässer:

419, 420, 421, 422

nach hier, dagegen # 423, 424 unverzollt an den Berliner Spediteurverein, Berlin, geliefert werden.

Falls die Sendung von dort noch nicht weiter verladen ist, wollen Sie nur die ersten 4 Fässer auf dem Wasserweg an mich abgehen lassen, dagegen die Fässer # 423 und 424 direkt per Bahn nach Berlin an die obengenannte Firma zu meiner Verfügung abrichten.

Ihrer umgehenden Nachricht entgegensehend, zeichne ich

hochachtungsvoll

C. G. Lentsch.

132.

SAMUEL LACY & CO.
Colonial Produce Merchants.

Mark Lave,
LONDON, 9th August 19 . .

Messrs. Hewitt & Jones. Manchester.

Gent^{n},

Referring to the parcel of rubber-waste we instructed you to forward to Clichy we must ask you to stop them *in transitu,* as the order has been countermanded by the consignees. Any charges adready incurred will of course be refunded by us with recourse against the consignees for disbursements under this head.

Yours faithfully,

S. Lacy & Co.

133.

HEWITT & JONES.
Forwarding Agents & Carriers.

MANCHESTER, 10th August 19 . .

Messrs. Steinway & Co., Liverpool.

Dear Sirs,

We have been instructed to request you not to ship the 32 cases of rubber advised in our letter of 8th instant. Please store them them at our disposal pending instructions from our clients.

Yours faithfully,

Hewitt & Jones.

134.

N. Luchting & Co.
Spedition, Kommission
und Inkasso.

Hamburg, den 7. September 19..

Herrn C. G. Lentsch, Leipzig.

Wir bekennen uns zum Empfang Ihres Schreibens nebst Einlage, Konnossement vom 21. August d. J.

Im Augenblick, wo wir Ihnen die Erledigung des uns erteilten Auftrags anzeigen wollten, erhalten wir Ihren gestrigen Brief.

Da sich die betreffenden 6 Fässer Wein bereits per Kahn No. 8 auf dem Wege nach dort befinden, ist es uns zu unserem Bedauern nicht möglich, der veränderten Disposition Ihres Herrn Auftraggebers nachzukommen.

Es würde vielleicht gelingen, die beiden nach Berlin bestimmten Fässer auf einer Zwischenstation — etwa Magdeburg — anzuhalten und zu entladen.

Die Umladung würde aber mit großen Schwierigkeiten verknüpft sein, schon deshalb, weil die Sendung im Kahn per Wallwitzhafen verstaut ist.

Auch die Zollabfertigung beim Zollamt Magdeburg würde voraussichtlich Schwierigkeiten bereiten.

Wir empfehlen Ihnen deshalb, die Sendung nach Berlin über Wallwitzhafen vorzunehmen.

Auf die zu Ihrer Verfügung an Speditionsverein Wallwitzhafen verladene Sendung haben wir unsere Spesen laut Vereinbarung nachgenommen.

Hochachtungsvoll

N. Luchting & Co.

135.

C. G. Lentsch.
Spedition, Kommission
und Inkasso.

Leipzig, den 9. September 19..

Speditionsverein Wallwitzhafen, Wallwitzhafen, Dessau.

Von Herren N. Luchting & Co., Hamburg, sind am 6. d. M.:

6 Fässer Wein R. H. No. 419/424

per Kahn No. 8 an Sie abgegangen, welche laut ursprünglicher Weisung unverzollt an mich weiterreisen sollten.

Sie wollen davon aber nur:

4 Fässer R. H. No. 419, 420, 421, 422

an meine Adresse abrichten, die verbleibenden

2 Fässer R. H. No. 423 und 424

dagegen transito franko an den Berliner Spediteurverein, Berlin, zu meiner Verfügung weitersenden.

Vom Geschehenen erwarte ich Bericht.

Hochachtungsvoll

C. G. Lentsch.

134.

STEINWAY & CO.
Shipping Agents.

LIVERPOOL, 10th August 19 . .

Messrs. Hewitt & Jones, Manchester.

Dear Sirs,

We received your letter to-day instructing us to have the Rubber Waste retained at Havre, and have telegraphed thither to that effect. The goods were already on board and the stevedore refused to discharge them as to do so would have involved the lifting and restowing of a large part of the cargo.

Yours truly,

Steinway & Co.

136.

Speditions-Verein A.-G.
Wallwitzhafen.
Telegramm-Adresse: Speditverein Dessau.
Telephon No. 71 u. 81.

Wallwitzhafen, 16. September 19..

Herren C. G. Lentsch, Leipzig.

Ihrem Geehrten vom 9. d. M. entsprechend, haben wir die heute eingegangenen:

R. H. 419/424	6 Fässer	Wein mit
R. H. 419/422	4 „	per Sammelladung an Ihre werte Firma,
R. H. 423/424	2 „	an den Berliner Spediteurverein in Berlin

expediert.

Unsere Auslagen für Fracht bis hier und Weiterfrankatur bis Berlin haben wir der Einfachheit halber auf die Sendung nach Leipzig nachgenommen.

Hochachtungsvoll

p. pa. Speditionsverein A.-G.

Höfer. Kluge.

137.

C. G. Lentsch.
Spedition, Kommission
und Inkasso.

Leipzig, den 21. September 19..

Herrn Robert Haas, Leipzig.

Unter Bezugnahme auf Ihre werten Schreiben vom 5. August und 6. September sowie auf unsere telephonische Unterhaltung vom 8. d. M. zeige ich Ihnen an, daß die durch mich für Sie bezogene Weinsendung aus Rivesaltes in Hamburg nicht mehr aufzuhalten war.

Die beiden Fässer No. 423 und 424 sind nunmehr ab Wallwitzhafen unverzollt an Berliner Spediteurverein in Berlin zu Ihrer Verfügung abgegangen.

Die vier Fässer 419/422 sind hier angelangt und wunschgemäß von mir verzollt worden; sie werden Ihnen noch heute zugehen.

Ich erlaube mir, Ihnen mit beiliegender Spesennota zu dienen, deren Betrag von

ℳ 910.—

Sie mir gefl. gutschreiben wollen.

Hochachtungsvoll

C. G. Lentsch.

135.

Société de Caoutchouc,
Clichy Paris.

CLICHY, 16th August 19 . .

Mr. F. Fournier, Havre.

We learn from Messrs. Lacy & Co., London, that you have been instructed to hold 32 cases rubber waste addressed to us until further orders. You may however now send them on here as they have got so far. Awaiting advice as to your action in the matter.

Yours &c.
for the Société de Caoutchouc
Frémy.

136.

F. FOURNIER.
Forwarding Agents.

HAVRE, 16th August 19 . .

To Messrs. Hewitt & Jones, Manchester.

Gentlemen,

We have this day despatched to the Société de Caoutchouc, Clichy

32 cases rubber waste.

We did so in conformity with instructions to that effect received by wire both from Messrs. Lacy & Co., London and yourselves.

Yours truly,
F. Fournier.

138.

Leipzig, den 21. September 19..

NOTA von C. G. Lentsch

für Herrn Robert Haas, Hier.

Ich übernahm für Sie zur Überführung von Rivesaltes nach Leipzig und Berlin:			
R. H. # 419/424 6 Fässer Wein 4170 kg à ℳ 7.30	ℳ	304	40
Konnossemente und Stempel	„	2	50
Assekuranz ℳ 1500.— à 1 %	„	15	—
Böttcherspesen, Abfertigung, Zollbegleitschein I und Wiegegeld in Hamburg	„	5	50
Gestellung auf Zollamt, Abfertigung, Zollbegleitschein I und Siegeln der Fässer 423/424 in Wallwitzhafen	„	2	80
Weiterfrankatur Wallwitzhafen-Berlin 1383 kg à ℳ 1.85	„	25	70
Deklaration, Revision, Verzollung in Leipzig und Provision	„	8	40
Zoll auf 4 Fässer 419/422 lt. Quittung	„	557	—
	ℳ	921	30
Hiervon ab: Frachtvergütung 1383 kg Wallwitzhafen-Leipzig à 0.81	„	11	30
	ℳ	910	—

137.

HEWITT & JONES.
Forwarding Agents.

MANCHESTER, 18th August 19 . .

Messrs. S. Lacy & Co., London.

Dear Sirs,

We wrote you on 10th instant and since received your wire of 11th countermanding same.

We beg to enclose Account Charges for goods forwarded for your a/c to the Société de Caoutchouc, Clichy, which we trust you will find in order. A remittance for the amount will oblige.

Yours truly,

Hewitt & Jones.

138.

	cwt.	qrs.	lbs.	
32 Cases Rubber Waste	37	1	2	Gross.

Freight from				
Carriage to Liverpool				
Bills of Lading			2	
Custom House Entry & Clearing				
Dock & Town Dues			3	2
Cartage & Porterage			3	
Commission on Forwarding			2	6
Insurance on £ . . . @ . . . per cent				
Policy Duty				
Freight to Havre 10/— plus 10%			18	6
Postages				
Consulage . . . Consular Declaration				
	£	1	9	2
Duty & Charges at Havre as per Fournier's account enclosed . . . . . . Francs 96.55		3	16	8
	£	5	5	10

Spedition in laufender Rechnung.

Die Transportspesen gehen bald zu Lasten des Käufers, bald zu Lasten des Verkäufers.

139. Am 15. Mai 19.. zeigen Spediteure Brun et Borel, 25, rue de Rennes, Paris, Weiß & Co., Leipzig, durch Zirkularschreiben an, daß sie besonders günstige Übernahmepreise für Gütersendungen Leipzig/Paris stellen. Sie geben ihre Frachtsätze an und bitten um Aufträge.

140. Am 25. Mai 19.. fragen Weiß & Co., Leipzig, bei ihrem Spediteur Louis Thibault successeur, ancienne maison G. Tross, 90, rue des Marais, Paris, an, ob er die Beförderung ihrer Güter zu den von der Konkurrenz offerierten Sätzen übernehmen wolle.

141. Am 28. Mai 19.. macht Louis Thibault, Paris, eine Gegenofferte, die er als außergewöhnlich günstig bezeichnet.

142. Am 1. Juni 19.. wiederholen Weiß & Co., Leipzig, daß sie bereits billigere Offerte in Händen haben. Sie bitten Louis Thibault, Paris, zu erklären, ob er die Konkurrenzpreise halten könne.

143. Am 3. Juni 19.. bezweifelt Louis Thibault, Paris, die Möglichkeit, seine Übernahmen zu unterbieten, gleichwohl ermäßigt er nochmals seine Bedingungen.

144. Am 6. Juni 19.. übersenden Weiß & Co., Leipzig, die Offerte Brun et Borel im Original, um die Zuverlässigkeit ihrer Angaben zu erweisen. Gleichzeitig erklären sie, daß sie zu ihrem Bedauern auf Verlangen ihrer Auftraggeber gezwungen sind, ihre weiteren Sendungen der Konkurrenz zu übertragen.

145. Am 8. Juni 19.. erklärt sich Louis Thibault, Paris, bereit, die Konkurrenzbedingungen zu halten. Er meldet, daß eine Kiste zur Verfügung von Weiß & Co., Leipzig, bei ihm eingegangen ist.

146. Am 10. Juni 19.. erklären sich Weiß & Co., Leipzig, mit den von Louis Thibault, Paris, aufgestellten Übernahmesätzen einverstanden.

Sie übertragen das Verfügungsrecht über die avisierte Kiste auf Max Werner, Leipzig.

Gleichzeitig verfügen sie über eine von Roland Frères, Paris, einzuliefernde Transitosendung nach Warschau.

Ferner zeigen sie an, daß von Spediteur C. G. Lentsch, Leipzig, eine Sendung zu ihrer Verfügung eintreffen werde, die sie an Dumas et fils, Paris, zu übermitteln bitten.

Endlich bitten sie, ihnen eine Sendung von Max Roy, Paris, per Eilgut durch C. G. Lentsch, Leipzig, zugehen zu lassen.

147. Am 10. Juni 19.. übersenden Weiß & Co., Leipzig, an C. G. Lentsch, Leipzig, Speditionsauftrag auf 6 Ballen Fehschweife, die zu ihrer Verfügung an Louis Thibault, Paris, abgehen sollen.

148. Am 10. Juni 19.. zeigt C. G. Lentsch, Leipzig, Louis Thibault, Paris, an, daß die Versendung der Fehschweife erfolgt ist.

149. Am 10. Juni 19.. beauftragen Weiß & Co., Leipzig, ihren Lieferanten Max Roy, Paris, die für sie fällige Sendung tunlichst bald zur Verfügung ihres Spediteurs Louis Thibault, Paris, zu stellen.

Shipping and Forwarding for an Account-holder.

Précis.

139. 15th May 19 . . Manchester & Brazil Steamship Co. enclose list of freights to South America to Hamilton Brothers, London, and invite the latter to send goods by their line.

140. 25th May 19 . . Hamilton Brothers write to their shipping agents in Liverpool, F. Fairfield & Co., drawing their attention to the advantages offered by the Manchester Coy. and asking if Fairfield can forward their goods on the same terms.

141. 28th May 19 . . F. Fairfield & Co. reply offering to grant Hamilton Brothers certain privileges for the future, to induce the latter to continue sending their goods through Fairfield's hands.

142. 1st June 19 . . Hamilton Brothers answer that the terms offered are not sufficiently good to induce them to forgo the advantages of using the Manchester line.

143. 3rd June 19 . . Fairfield ask Hamilton to let them have some precise information regarding the rates of freight accepted by the Manchester line.

144. 6th June 19 . . Hamilton Brothers enclose circular and tariff received from the Manchester and Brazil Steamship Co.

145. 8th June 19 . . Fairfield & Co. return the circular and tariff; they point out that the advantages offered by the new route are more apparent than real. They make a counter offer and threaten, if this is not accepted, to charge Hamilton higher rates on the goods they cannot avoid sending by them.

146. 10th June 19 . . Hamilton Brothers agree to send their goods as before by Fairfield's line.

They request Fairfield to take delivery of goods to be forwarded by Harford & Hays, Manchester, and to forward the same to Carmona Gomez & Ca., Rio Janeiro.

They instruct them to collect from C. Draper & Co., Liverpool, 9 Barrels of Kola Nuts which they are to send on to Duchemin & Brunel in Paris.

They are further to hand over the 16 Cases Rubber deposited with them to Jones & Roberts, Liverpool.

147. 10th June 19 . . Hamilton instruct Hewitt & Jones, Manchester, to send the cotton goods bought by the writers to Fairfield & Co. to be dealt with in accordance with Hamilton's instructions.

148. 10th June 19 . . Hewitt & Jones advise Fairfield & Co. that the cotton goods have been despatched.

148a. Railway Receiving Note.

149. 10th June 19 . . Hamilton Brothers instruct C. Draper & Co. to hand over to F. Fairfield & Co. the 9 Barrels Kola Nuts warehoused with them.

150. 13th June 19 . . Fairfield & Co. inform Duchemin & Brunel that the Kola Nuts have been sent to their address via Havre.

151. 13th June 19 . . Fairfield & Co. report to Hamilton that they have carried out their instructions; they also enclose statement of charges and disbursements which have been passed to Hamilton's debit.

152. 14th June 19 . . Hamilton Brothers to F. Fairfield & Co. acknowledging receipt of foregoing.

150. Am 13. Juni 19.. zeigt Louis Thibault, Paris, C. G. Lentsch, Leipzig, die Absendung der von Max Roy, Paris, zur Ablieferung an Weiß & Co., Leipzig, eingegangenen Sendung an.

151. Am 13. Juni 19.. benachrichtigt Louis Thibault, Paris, die Firma Weiß & Co., Leipzig, von der Absendung der Sendung Roy, Paris, an C. G. Lentsch, Leipzig. Er meldet weiter den Eingang der Sendung Fehschweife, die er an Dumas et fils, Paris, ausgefolgt hat.

Sodann zeigt er an, daß die Absendung der von Sendung Roland Frères, Paris, eingegangenen Ware transito Warschau erfolgt ist.

Endlich teilt er mit, daß Max Werner, Leipzig, über die bei ihm von Léon Faure, Paris, hinterlegte Kiste disponiert habe.

152. Am 18. Juni 19.. bekennen sich Weiß & Co., Leipzig, zum Empfang der Sendung Max Roy, Paris. Sie haben Louis Thibault, Paris, die berechneten Spesen gutgeschrieben und den übrigen Inhalt seines Briefes vorgemerkt.

139.

Brun et Borel.
Transports à forfaits pour tous pays.
Transit. Agence en Douane. Affrètements.
Vastes Entrepôts pour Magasinage.

Batilly (Meurthe et Moselle). **Paris** 25, rue de Rennes. **Armanvillers** (Lorraine All^de^).

Paris, den 15. Mai 19..

Herren Weiß & Co., Leipzig.

Wir haben in Erfahrung gebracht, daß Sie öfter Sendungen nach hier und anderen französischen Plätzen haben.

Wir gestatten uns deshalb, Ihre Aufmerksamkeit auf den Halbeilgutverkehr (Moyenne Vitesse) zu lenken, den wir seit kurzem nach Paris eingerichtet haben.

Da unsere Wagen ohne Umladung laufen, so können wir Ihnen außergewöhnlich schnelle Lieferung (4—5 Tage) zusichern.

Die unten angegebenen Übernahmepreise verstehen sich ab Bahnhof Leipzig frei Haus Paris, also einschließlich Abfertigung und Rollgeld, jedoch ausschließlich der Gebühren für Stempel, Zoll und Versicherung.

Mit der Bitte um freundliche Zuweisung Ihrer Aufträge, deren pünktliche Ausführung wir Ihnen zusichern, zeichnen

hochachtungsvoll

Brun et Borel.

Frachtsätze:

ab Bahnhof Leipzig bis frei Haus Paris:

Frachtgut	(Petite Vitesse)	Lieferfrist	8—12	Tage,	12 Franken	per 100 Kilo Brutto.
Halbeilgut	(Moyenne „)	„	4— 5	„	22 „	
Eilgut	(Grande „)	„	2— 3	„	27 „	

139.

MANCHESTER, 15th May 19 . .

To Messrs. Hamilton Brothers, London.

Gentlemen,

Having learned through our friends Messrs. Harford & Hays of this city, whose name we are permitted to mention, that you are large shippers of general goods to South America, we take the liberty of enclosing a copy of our tariff for shipments to that country.

We imagine you will find it compares favourably with the rates of other lines and trust you may see in the very moderate freights therein quoted an inducement to honour us with at least a part of your custom.

In the case of large and regular consignments we would be prepared to quote you special terms, including a deferred rebate of 20%.

We are Gentlemen,

Yours truly,

For the Manchester & Brazil Steamship Co.
Hewitt & Jones, Managers.

RATES OF FREIGHT FROM MANCHESTER TO SOUTH AMERICAN PORTS DIRECT.

Per Ton Gross weight or Measurement as best for steamer unless otherwise specified.

Cottons and Linen of all descriptions . .	25/— to 30/— and 10% primage according [to port.
Hardware, Sewing Machines, Ironmongry	20/— to 25/— and 10%
Earthenware in Glassware in Crates . .	22/6 to 27/6 and 10%
Chemicals	17/6 to 25/— in full
Rails (under 50 tons)	17/6 to 22/6 and 10%
do. (50 tons and upwards)	open.

&c. &c. &c.

These rates apply only to packages not exceeding 2 tons in weight "Heavy lifts" charged for in addition.

Dangerous goods on deck or specially stowed, £ 7 and 10% to all ports. Minimum freight on same B/L with other goods £ 1.

On separate B/L £ 1·10/—.

All goods are carried subject to conditions embodied in special Shipping Notes and Bills of Lading.

Freight payable on delivery of Bills of Lading.

Freights collected abroad pay 15% Primage.

Bills of Lading must be sent in, with mate's receipts attached, to our Office for signature before noon on day preceding advertised sailings.

140.

Weiß & Co.
Leipzig.

Leipzig, den 25. Mai 19 . .

Herrn Louis Thibault, 90, rue des Marais, Paris.

Wir empfingen Ihren Brief vom 23. d. M. und erklären uns mit dessen Inhalt einverstanden.

Vor einigen Tagen ging uns von Ihrer Konkurrenz am dortigen Platze eine Offerte zu, der zufolge die Lieferung ab Leipzig/Paris Haus als Halbeilgut bei einer Lieferfrist von 4—5 Tagen zum Übernahmspreise von 22 Franken per 100 Kilo angeboten wird.

Einige unserer Kunden haben bereits beantragt, bei künftigen Sendungen diese Vermittlung zu benutzen.

Wir hoffen, daß es Ihnen möglich ist, dieselben Bedingungen zu gewähren. Wir bitten demgemäß, uns in Zukunft für Halbeilgüter ab hier nach Paris Haus den Übernahmepreis von 22 Franken ab Bahnhof Leipzig bei 4—5 Tagen Lieferzeit in Anrechnung zu bringen.

Hochachtungsvoll

Weiß & Co.

141.

Ancne Mon G. Tross.
Fondée en 1852.
Louis Thibault Succr.
90, rue des Marais, 90.
Paris.

Paris, den 28. Mai 19 . .

Herren Weiß & Co., Leipzig.

In Beantwortung Ihrer Anfrage vom 25. d. M. erkläre ich mich gern bereit, die Beförderung Ihrer Halbeilgüter zu folgenden Bedingungen zu übernehmen:

Bahnhof Leipzig Paris Haus exkl. Zoll Fr. 22.50.
Enregistrement . . . . „ —.85. pro Sendung.
Statistik . . . . „ —.10. pro Kollo.

In der Erwartung, daß Ihnen diese außergewöhnlich günstigen Bedingungen genehm sind, sehe ich Ihren ferneren geschätzten Aufträgen gern entgegen.

Hochachtungsvoll

Louis Thibault.

140.

HAMILTON BROS.
Import & Export Merchants.
Telegraphic Address "Hambro".
Telephone No. 6734.

Leadenhall St.,
LONDON, 25th May 19 . .

Messrs. F. Fairfield & Co., Shipping Agents, Liverpool.

Gentlemen,

We have received from a Manchester house a list of direct freights from that port to South America, very much under what we have been in the habit of paying by your line and though there does not seem to be much advantage in that route, when railway carriage to Manchester would be incurred, there is a very considerable saving in the case of Manchester goods themselves, which form, as you know, a large part of our shipments.

We are unwilling to have recourse to others, if the company you represent can see its way to reducing their charges to the same scale and we should be glad to hear from you in this connection.

Awaiting an early reply, we remain, Gentlemen,

Yours faithfully,

Hamilton Bros.

141.

F. FAIRFIELD & CO.
Shipping & Forwarding Agents.

Goree Piazza,
LIVERPOOL, 28th May 19 . .

Messrs. Hamilton Bros, London.

Dear Sirs,

Replying to yours of to-day, we can understand that your Manchester friends are in a position to offer you somewhat lower rates for shipments made direct from Manchester, as, of course, we are in this case handicapped by the high railway rates charged for your goods. We are anxious to do everything reasonable to maintain our connection with you and think the case would be adequately met by remitting the Primage in all cases where the goods were forwarded by rail. This is, it must be understood, a very special concession to you as large shippers, and is only made on the understanding that the whole of your South America trade pass through our hands. We count on your extreme discretion, in the matter as, if the fact became known, we should be compelled to extend the same favour to others, which we could not do without incurring consequences that no one could foresee.

We remain, yours truly,

F. Fairfield & Co.

142.

Weifs & Co.
Leipzig.

Leipzig, den 1. Juni 19 . .

Herrn Louis Thibault, 90, rue des Marais, Paris.

Antwortlich Ihrer Offerte vom 28. Mai d. J. betonen wir nochmals, daß uns von Ihrer Konkurrenz ein Übernahmepreis von 22 Franken inkl. Abfertigung dort gestellt worden ist.

Eine Anzahl hiesiger Firmen haben den gleichen Antrag erhalten; die betreffende Offerte lautet:

Frachtgut	(Petite Vitesse)	8—12 Tage	12	Franken	per 100 Kilo Brutto.
Halbeilgut	(Moyenne „)	4— 5 „	22	„	
Eilgut	(Grande „)	2— 3 „	27	„	

Wir sollten doch meinen, daß Sie imstande sein müßten, die gleichen Sätze einzuhalten.

Mehrere unserer Kunden haben bereits beantragt, die für sie bestimmten Sendungen der betreffenden Firma zu übertragen.

Wir bitten deshalb, uns postwendend mitzuteilen, ob Sie die Preise der Konkurrenz einhalten können.

Hochachtungsvoll

Weiß & Co.

143.

Ancne Mon G. Tross.
Fondée en 1852.
Louis Thibault Succr.
90, rue des Marais, 90.
Paris.

Paris, den 3. Juni 19 . .

Herren Weiß & Co., Leipzig.

Die mir mit Ihrem Briefe vom 1. d. M. aufgegebenen Übernahmepreise sind mir unverständlich.

Ich nehme an, daß sie sich auf eine bestimmte Warengattung beziehen: Die billigsten Übernahmesätze, die ich für Pelzwaren kalkulierte, sind.

Frachtgut	P.V.	frei Haus Paris, Fr.	12,—	per 100 Kilo.
Halbeilgut	M.V.	„ „ „ „	22,25	
Eilgut	G.V.	„ „ „ „	26,50	
Extragebühr pro Sendung		„	0,95	

Ich bin bereit, Ihnen von heute an diese Sätze bei einem Minimalgewicht von 50 Kilo in Rechnung zu stellen, und hoffe, Sie sind damit einverstanden.

Hochachtungsvoll

Louis Thibault.

142.

HAMILTON BROS.
Import & Export Merchants.
Telegraphic Address "Hambro".
Telephone No. 6734.

Leadenhall St.,
LONDON, 1st June 19 . .

Messrs. F. Fairfield & Co., Liverpool.

Gentlemen,

We have received your letter of yesterday, and must inform you that the advantages offered by the direct route would be by no means compensated for by the remission of primage; the Manchester route being considerably more than 10 % less in its charges than yours, we shall only mention that the freight to Rio Janeiro for cotton goods is 25/— per ton, and in the interests of our South American customers, who invariably pay the freight, we feel it our duty to have recourse to the most economical route available.

Yours truly,
Hamilton Bros.

143.

F. FAIRFIELD & CO.
Shipping & Forwarding Agents.

Goree Piazza,
LIVERPOOL, 3rd June 19 . .

Messrs. Hamilton Bros, London.

Dear Sirs,

We cannot understand how the agency you refer to can be in a position to forward goods at rates below those advertised by any steamship company trading to South America and should be glad if you could procure us one of their circulars. We cannot really offer you any further reductions in rates unless we were prepared to forward your goods at a loss for the sake of retaining your custom.

Yours truly,
F. Fairfield & Co.

Weiß & Co.
Leipzig.

144.

Leipzig, den 6. Juni 19..

Herrn Louis Thibault, 90, rue des Marais, Paris.

In Beantwortung Ihrer Zuschrift vom 3. d. M. übersenden wir Ihnen in der Anlage die Offerte der Firma Brun et Borel, dort, mit der Bitte um gefl. Rückgabe.

Sie wollen sich selbst überzeugen, daß unsere Angaben über die von diesem Hause gestellten Frachtübernahmen genau so lauten, wie wir sie Ihnen aufgegeben haben, und daß die Preise sich keineswegs auf bestimmte Warengattungen beschränken, sondern für alle Normalgüter gelten.

Wir selbst haben ja nur selten Frankosendungen nach dort. Da aber unsere dortige Kundschaft darauf besteht, den angegebenen Frachtvorteil auszunützen, so müssen wir auf Ihre Vermittlung verzichten, solange Sie uns nicht die gleichen Vorteile gewähren.

Bis auf weiteres werden wir also die nach dort zur Verladung gelangenden Güter den Herren Brun et Borel überweisen.

Hochachtungsvoll

Weiß & Co.

1 Zirkular

145.

Ancne Mon G. Tross.
Fondée en 1852.
Louis Thibault Succr.
90, rue des Marais, 90.
Paris.

Paris, den 8. Juni 19..

Herren Weiß & Co., Leipzig.

Die mir mit Ihrem Geehrten vom 6. d. M. übersandte Zuschrift der Herren Brun et Borel, hier, gebe ich Ihnen dankend zurück.

Mit Rücksicht auf unsere langjährigen angenehmen Beziehungen habe ich mich nach nochmaliger genauer Kalkulation entschlossen, Ihnen in Zukunft die Frachtsätze der Konkurrenz zu berechnen, obwohl bei diesen Sätzen für meine Mühewaltung fast nichts mehr übrig bleibt.

Zoll und Versicherungsprämie sind in dem genannten Übernahmepreis nicht einbegriffen.

Ich bitte, die Sendungen meinem dortigen Korrespondenten, Herrn C. G. Lentsch, der meine Instruktion in Händen hat, zur Verladung an mich zu überweisen.

Von Herrn Léon Faure, 25, rue Montmartre, hier, ging mir:

L. F. 654 1 Kiste Persianerfelle Bo. 130 kg

für Sie zu, die ich einstweilen auf Lager nahm.

Ich bitte, über diese Sendung baldigst zu verfügen, und zeichne

hochachtungsvoll

Louis Thibault.

1 Zirkular

144.

HAMILTON BROS.
Import & Export Merchants.
Telegraphic Address "Hambro".
Telephone No. 6734.

LONDON, 6th June 19 . .

Messrs. F. Fairfield & Co., Liverpool.

Gentlemen,

We enclose circular from Messrs. Hewitt & Jones Manchester which we beg you to examine and return. You will observe that we have in no way exaggerated the advantages to consignees of goods forwarded from Manchester.

Please let us know by to-morrow afternoon if you can grant us equivalent terms.

Yours truly,

Hamilton Bros.

145.

LIVERPOOL, 8th June 19 . .

Messrs. Hamilton Bros, London.

Gentlemen,

We hasten to return Messrs. Hewitt & Jones's circular. It is, as we imagined, an attempt to capture trade by a display of advantages more apparent than real. You will remark that there is a primage of 15% on freights collected abroad, and as this is mostly your case, a large portion of the proffered advantage disappèars for you, since we have undertaken to regard all your freights on inland goods as "in full",* only reserving your guarantee for those payable abroad. Further, the railway company will certainly collect your goods in Manchester cheaper than the shipping company and if you forward them to Liverpool at "station to station" rates we shall take delivery here in our own carts and charge you only a nominal sum for cartage to the dock-side.

Should you however, not see your way to continue forwarding your Manchester goods by our line, you will hardly expect us to continue the special advantages hitherto accorded you and there is more than a probability that you will lose more on your general shipments than you are likely to save on your Manchester consignments.

Yours truly,

F. Fairfield & Co.

* Without primage.

146.

Weifs & Co.
Leipzig.

Leipzig, den 10. Juni 19..

Herrn Louis Thibault, Paris.

Aus Ihrem Schreiben vom 8. d. M. bemerkten wir uns, daß Sie die Übernahmen Ihrer Konkurrenz einhalten wollen; wir werden Herrn C. G. Lentsch hier die Sendungen zur Weiterbeförderung an Sie zuweisen.

Über die Ihnen von Herrn Léon Faure, dort, für uns gesandte:

L. F. 654, 1 Kiste Persianerfelle

wird der Besitzer der Ware, Herr Max Werner, hier, demnächst direkt verfügen, und wollen Sie dessen Weisung gefl. befolgen.

Von Herren Roland Frères, 13, Fbg. Poissonnière, dort, werden Sie demnächst 3 Kisten gefärbte Kaninfelle in unserem Auftrag erhalten.

Wir bitten, diese 3 Kisten unversichert und unfrankiert als Eilgut transito zur Verzollung in Warschau an:

Russische Transport-Gesellschaft, Warschau,

abgehen zu lassen. Ihre Auslagen bitten wir durch Nachnahme zu erheben.

Durch Spediteur C. G. Lentsch, hier, lassen wir:

C. W. 156/161, 6 Ballen Fehschweife, Bo. 616 Kilo

an Sie abgehen.

Wir bitten, diese Sendung frei Haus an die Herren Dumas et fils, 9, rue de Trévise, dort, zu übermitteln und uns den Betrag für Fracht, Abfertigung und Zustellung in Rechnung zu stellen.

Bei Herrn Max Roy, 106, rue Montmartre, wollen Sie für uns einen Ballen Kaninfelle abholen und sofort als Eilgut franko an Herrn C. G. Lentsch, hier, zu unserer Verfügung abgehen lassen.

Hochachtungsvoll

Weiß & Co.

146.

HAMILTON BROS.
Import & Export Merchants.
Telegraphic Address "Hambro".
Telephone No. 6734.

LONDON, 10th June 19 . .

Messrs. F. Fairfield & Co., Liverpool.

Gentn,

Although we are not prepared to accept the views expressed in your letter of yesterday as correct, we have decided to continue entrusting all our shipments to your care on the conditions named in your letter of the 8th inst., viz. all freights on our goods arriving by rail to be freights in full and free of primage. We, as heretofore, guarantee the payment of all freights payable abroad should your agents be unable to collect them.

We have this evening instructed Messrs. Harford & Hays Manchester to forward you per Midland Railway, at Station to Station rates:

Six Cases Cotton Goods,

of which please to take delivery at the Brunswick Dock Station, and ship per first steamer to

Carmona Gomez & Ca. Rio Janeiro.

Freight, Insurance and all expenses to be charged forward to Consignees.

Please also to take delivery from Messrs. C. Draper & Co. of your city.

H 1/9 Nine Barrels Fresh Kola Nuts ex "Teneriffe",

and forward same for our a/c to Duchemin & Brunel, Paris, debiting us with all charges to Havre and Sending B/L. to your Agent there.

Please deliver the 16 Cases India Rubber lying in your hands to Messrs. Jones & Roberts, Liverpool, who have instructions to deal with them.

Yours truly,

Hamilton Bros.

147.

(Postkarte.)

Weiß & Co.
Leipzig.

Herrn C. G. Lentsch, Leipzig.

Wir bitten, 6 Ballen Fehschweife:

C. W.	156	Brutto	104	Kilo		
„	157	„	108	„		
„	158	„	117	„	}	616 Kilo
„	159	„	104	„		
„	160	„	104	„		
„	161	„	79	„		

bei uns abholen und unversichert als Frachtgut an Herrn Louis Thibault, 90, rue des Marais, Paris, zu unserer Verfügung senden zu wollen.

Versandinstruktionen hat er bereits erhalten.

Hochachtungsvoll

Leipzig, den 10. Juni 19..

Weiß & Co.

148.

(Postkarte.)

C. G. Lentsch
Leipzig.

Herrn Louis Thibault, Paris.

Im Auftrag und zur Verfügung der Herren Weiß & Co., hier, übersende ich Ihnen unversichert und unfrankiert im direkten Wagen 6 Ballen Fehschweife:

C. W.	156	Brutto	104	Kilo		
„	157	„	108	„		
„	158	„	117	„	}	616 Kilo,
„	159	„	104	„		
„	160	„	104	„		
„	161	„	79	„		

die Sie aufgabegemäß behandeln wollen.

Hochachtungsvoll

Leipzig, den 10. Juni 19..

C. G. Lentsch.

147.

LONDON, 10th June 19 . .

Messrs. Hewitt & Jones, Manchester.

Gentn,

Please take delivery of 6 cases cotton Goods from Messrs. Harford & Hays of your city and forward the goods in question to Messrs. F. Fairfield & Co. Shipping & Forwarding Agents, Liverpool, to be disposed of as instructed by us.

Yours truly,

Hamilton Bros.

148.

As 128, 131.

148 a.

(Railway Receiving-Note.)

NOTE: Objections as to weight or charges must be made within seven days from date of this note.

CHESHIRE LINES COMMITTEE.
ADVICE OF GOODS CARRIED AT STATION TO STATION RATES.

Prog. No. *2666,* Wagon No. *3171.*

LIVERPOOL,
Brunswick Station, *10/6/19* . .

The undermentioned goods having arrived at this station to your address, I beg to inform you that they are held by the Committee as WAREHOUSEMEN not as COMMON CARRIERS at owners risk on loss damage or deterioration or fire and subject to the urual warehouse, wharfage, demurrage, or siding rent charges as shown on back hereof, in addition to the charges now advised.

WHEN YOU GIVE INSTRUCTIONS FOR THE DELIVERY OF THE GOODS PLEASE SEND THIS.

A printed form of receipt is provided and no other will be recognised.

Ref. to No. when ordering these goods for ward	From	Species of goods	Marks	Weight				Rate	Paid on			Total		
	Manchr	*6 Cases Cotton Goods.*	H *1/6*	*1*	*6*	*3*		*10/6*		*1*	*6*		*15*	*6*

Brunswick Station.
Recd. from ...... *Fairfield & Co.* ....
the sum of .... *15/6* ....
For the GREAT NORTHERN RY.
C. Duffy, Collector.
(Authorised form of receipt.)

The charges for Warehouse Rent, Measuring and Shooting Grain &c., may be known on application at the Committee's Offices.

NOTE. The Directors require carriage to be paid on delivery, unless the consignee has a ledger account with the committee.

149.

(Postkarte.)

Weifs & Co.
Leipzig.

Herrn Max Roy, 106, rue Montmartre, Paris.

Die Ihnen am 2. cr. in Auftrag gegebenen 100 Dtzd. gefärbte Kaninfelle wollen Sie gefl. unserem dortigen Spediteur, Herrn Louis Thibault, zu unserer weiteren Verfügung übergeben.

Wir bitten, Herrn Thibault gefl. sofort zu benachrichtigen, wenn die Ware fertiggestellt ist.

Da die Sendung Eile hat, wünschen wir den Versand umgehend vorgenommen zu sehen.

Hochachtungsvoll

Leipzig, den 10. Juni 19.. Weiß & Co.

150.

(Postkarte.)

Ancne Mon G. Tross.
Fondée en 1852.
Louis Thibault Succr.
90, rue des Marais, 90.
Paris.

Paris, den 13. Juni 19..

Herrn C. G. Lentsch, Leipzig.

Von Sendung des Herrn Max Roy, 106, rue Montmartre, hier, expedierte ich soeben an Ihre werte Adresse, per Eilgut, ohne Assekuranz:

M. R. No. 567, 1 Ballen gefärbte Kaninfelle Bo. 63 Kilo,

den Sie nach erfolgter Zollbefreiung den Herren Weiß & Co., dort, sofort zustellen wollen.

Indem ich Ihnen besten Empfang der Waren wünsche, begrüße ich Sie

hochachtungsvoll.

Louis Thibault.

149.

HAMILTON BRO^{S}.
LONDON.

To *Messrs. C. Draper & Co., Liverpool.*

Please deliver the goods specified below, warehoused with you in our name, to Messrs. *Fairfield & Co.,* against payment of all charges.

LONDON, *10th June* 19 . . *Hamilton Bro^{s}.*

SPECIFICATION OF GOODS TO BE DELIVERED.

MARKS	NOS	DESCRIPTION	WEIGHTS t.	c.	q.	lb.	REMARKS
◇T	1/9	*9 Barrels Fresh Kola Nuts*		*12*	*3*	*24*	*ex "Teneriffe"*

150.

LIVERPOOL, 13th June 19 . .

Messrs. Duchemin & Brunel, Paris.

Gent^{n},

We have this day forwarded the undernoted goods to your address; Freight paid and insured here by order and for account of Messrs. Hamilton Bro^{s} and through the agency of Mr. F. Fournier in Havre.

Yours truly,

F. Fairfield & Co.

151.

Ancne Mon G. Tross.
Fondée en 1852.
Louis Thibault, Succr.
90, rue des Marais, 90.
Paris.

Paris, den 13. Juni 19..

Herren Weiß & Co., Leipzig.

Ich bin im Besitz Ihres Geehrten vom 10. d. M.

Den mir von Herrn Max Roy, 106, rue Montmartre, übergebenen:

M. R. 567, 1 Ballen 100 Dtzd. Kanin Bo. 63 Kilo

ließ ich aufgabegemäß an Herrn C. G. Lentsch, dort, als Eilgut für Sie abgehen.

Für Eilfracht bitte ich mir Fr. 18.60 (63=70 Kilo à 26.50 per $^0/_0$ Kilo) für meine Übernahme gutzubringen.

Die mir gleichzeitig avisierten:

C. W. 156/161, 6 Ballen Fehschweife Bo. 616 Kilo

sind eingetroffen.

Ich habe sie den Herren Dumas et fils, 9, rue de Trévise, frei Haus ausgefolgt und bitte, mich mit Fr. 74.40 (616=620 Kilo à 12.— per $^0/_0$ Kilo),
wozu Rollgeld nach Bahnhof „ 3.20 kommen,
zusammen Fr. 77.60 zu erkennen.

Die Sendung der Herren Roland Frères, 13, Fbg. Poissonnière, hier:

R. F., 218/220, 3 Kisten Bo. 202 Kilo

ließ ich Ihrer Verfügung gemäß unter Nachnahme meiner Spesen als Eilgut unfrankiert und unversichert transito abgehen an die:

Russische Transport-Gesellschaft, Warschau.

Herr Max Werner, dort, hat gestern über die mir für Ihre werte Adresse von Herrn Léon Faure hier übergebene:

L. F. 654, 1 Kiste Persianer

verfügt, wovon Sie zu meiner Entlastung gefl. Kenntnis nehmen wollen.

Stets gern zu Ihren Diensten,

hochachtungsvoll

Louis Thibault.

151.

LIVERPOOL, 13th June 19 . .

Messrs. Hamilton Bros, London.

Gentlemen,

In conformity with instructions contained in your letter of 10th inst. we have this day despatched the undernoted goods.

We enclose account of charges and disbursements amounting to £ 7·11·6 which we have passed to your debit in account.

Yours truly,

F. Fairfield & Co.

◇T 1/9 9 Barrels Kola Nuts ex "Teneriffe" weighing 12 cwt. 3 qs. 24 lbs.

Paid Messrs. C. Draper & Co. as under:			
Warehousing, Reweighing &c. 2/10 p. ton	£ 0	1	10
Warrant			6
Opening for Inspection, Sampling &c.		9	
Taring		9	
Rent 8 weeks @ 5 d. p. ton p. week		2	1
Carriage of Sample to Messrs. Duchemin & Brunel		1	6
Total paid Messrs. Draper	£ 1	3	11
Delivering ex Store		1	
Freight to Havre, 15/- per ton & 5% (Minimum 10/6)		10	6
Bills of Lading		1	
Custom House Entry or Clearing		3	
Cartage & Porterage		5	
Commission on forwarding		2	6
Insurance		—	—
Postage, Consulage, Consular, Declaration		—	—
To your debit	£ 2	6	11

Bills of Lading sent per registered letter to our Agent in Havre.

We enclose Bills of Lading on 6 Cases of Cotton Goods forwarded as instructed per S. S. "Argentine" to Messrs. Carmona Gomez & Co., Rio Janeiro on through B/L from Manchester, all charges forward.

Messrs. Jones & Roberts have taken delivery of 16 Cases Rubber ex Store. We have debited you as under

◇HB 1/16 16 Cases Rubber ex "Eagle" 5707 G.,[1] 46014 N.,[2] 189 f., 8 in.[3] (arrived 9th instant.)

Dock & Town Dues 3 d per cwt. net	£	11	6
Landing Charges 2/3 per ton gross		6	5
Cartage & Warehouse 2/-		5	8
Agency 1/- per Case		16	
Freight paid @ Manaos 12/6 & 10% per ton measurement[4]		5	0
To your Debit	£ 5	4	7

1) Gross., 2) Nett, 3) cubic feett & twelfths, 4) Steam-ton = 40 c. feet.

152.

Weiß & Co.
Leipzig.

Leipzig, den 18. Juni 19 . .

Herrn Louis Thibault, Paris.

Die uns durch Brief vom 13. d. M. avisierte Eilgutsendung von Herrn Max Roy:

M. R. 567, 1 Ballen Kanin Bo. 63 Kilo

ist uns soeben zugegangen.

Die uns aufgegebenen Frachtbeträge:

Fr. 18.60 Eilfracht nach Leipzig,
Fr. 77.60 Fracht nach Paris

haben wir Ihrem Konto gutgeschrieben.

Wir bemerkten uns, daß Herr Max Werner, hier, über:

L. F. 654, 1 Kiste

verfügt hat, und daß die Eilgutsendung der Herren Roland Frères, dort, transito nach Warschau abgegangen ist.

Hochachtungsvoll

Weiß & Co.

152.

HAMILTON BROS.
Import & Export Merchants.
Telegraphic Address "Hambro".
Telephone No. 6734.

LONDON, 14th June 19 . .

Messrs. F. Fairfield & Co., Liverpool.

Dear Sirs,

We have received yours of y'day advising despatch of goods in conformity with our instructions and have credited you in a/c with £ 7·11·6 for charges & disbursements as per your statement.

Yours faithfully,

Hamilton Bros.

P. S. We note that the other goods have been despatched or otherwise dealt-with in accordance with our instructions.

H. Bros.

Anhang.

9a.

No. 3153
(to be quotedin invoice).

London, *10th Decr* 19 . .

Messrs. Chambers Lane & Co. L.pool.

Please supply on or before the *12th December 19 . .*

10 Gross Lead soldiers Catalogue No. 110

@ 24 — per Gross.

and charge to the account of *Lowther Brothers.*

Goods delivered later than time specified are accepted only for senders' account and risk.

9b.

LONDON AND NORTH WESTERN RAILWAY.

Consignment note for Perishable and other Merchandise carried by PASSENGER TRAIN or by other similar service, to be carried at Reduced Rates at Owner's Risk.

The LONDON AND NORTH WESTERN RAILWAY COMPANY hereby give notice that they have two rates for the carriage of the undermentioned merchandise, at either of which rates the said merchandise may be consigned, at the sender's option; one the ordinary rate, when the Company take the ordinary liability of a Railway Company; the other, a reduced rate, adopted when the sender agrees to relieve the Company and all other Companies or persons over whose lines the merchandise may pass, or in whose possession the same may be during any portion of the transit, from all liability for loss, damage, mis-delivery, delay, or detention, except upon proof that such loss, damage, mis-delivery, delay, or detention, arose from wilful misconduct on the part of the Company's servants.

TO THE LONDON AND NORTH WESTERN RAILWAY COMPANY.

Birmingham Station, *10th Decr* 19 . .

Receive and forward the undermentioned merchandise, to be carried at the reduced rate, below the Company's ordinary rate, in consideration whereof I agree to relieve the LONDON AND NORTH WESTERN RAILWAY COMPANY and all other Companies or persons over whose lines the merchandise may pass, or in whose possession the same may be during any portion of the transit, from all liability for loss, damage, mis-delivery, delay, or detention, except upon proof that such loss, damage, mis-delivery, delay, or detention, arose from wilful misconduct on the part of the Company's servants.

And I also agree to the conditions on the back of this note.

This agreement shall be deemed to be separately made with all Companies parties to any through rate under which the merchandise is carried.

Signature of sender or his agent *Chambers Lane & Co.* Address *Warwick Works.*

No. of packages	Description of merchandise	Name of consignee	Destination station	Weight cwts.	Weight qrs.	Weight lbs.	Who pays carriage
1	*Metal Goods*	*Lowther Bros 307 High Holborn*	*London*		*1*	*3*	*Consignee*

13a.

Lodgement for Credit.

PROVINCIAL BANKING COMPANY, LTD.

Credit *Chambers Lane & Co., Birmingham,*
30th January 19 . .

Cheques			
Notes	*10*		
Gold			
Silver		*16*	
Copper			
£	*10*	*16*	

Lowther Brothers.

13b.

BANKER'S NOTIFICATION.

Provincial Bank Limited.
BIRMINGHAM, *31st January* 19 . .

Messrs. *Chambers Lane & Co., Birmingham.*

Dear Sirs,

The sum of £ 10·16/- has this day been paid to your Credit for account of *Lowther Bros* per *our London Office.*

For the Provincial Bank, Limited,
I. Gould,
Manager.

14a.

TELEPHONE MESSAGE FORM.

No. *1004.* Time *9·35* Date *1st August 19 . .*

From *Crossley, Liverpool.* To *Highlands & Sons, Leicester.*

Enquiry	Reply
Can you let me have assorted Hosiery for shipment end of month, at last price-list rates?	*Yes; certainly there is no change in prices.*

Received by *Holt.*

Seen *Crossley.*

14b.

Order No. *735, 1. 8. 19 . .* Number of Order should be stated on Invoice.

Messrs. Highlands & Sons, Leicester.

For JOHN CROSSLEY, 127, Cable Street, LIVERPOOL.

A Separate Invoice must be sent for each Order.

Gross and Net Weight of separate parcels to be stated on Invoice.

Delivery: *before end of month.*

Mark: ◇ C

Packing: Most carefully for Export, *American-cloth* lined, iron hooped.

Parcelling: *packets of 1/2 doz each.*

Forwarding: To the order of Messrs FIELDS & Co., Goree Piazza, Liverpool, for our disposal.
Goods should by L. & N. W. Rail. to Wapping Station; by the Midland, Great Central, Great Northern or Great Eastern to Brunswick Station; by the Great Western to Duke's Dock, or by L. & Y. to the South Docks Station.

Labels, Cases, Packing, Wrappers, &c., &c.: Must be blank, without name or any other mark.

Invoice: All trade and cash discounts should at once be deducted in Invoice and due date noted at foot of total.
It is of great importance to us that the Invoice be sent **before** the goods have left, **not after.**

*(Assorted Hosiery as per list).**

These goods are to fill a trial order and if carefully selected may lead to a large Business in this line.

John Crossley.

Advise Shipping Agents full particulars.
Invoice to be produced before shipment

* *See invoice.*

Liverpool, Augt 1st 19 . .

47a.

HARBINSON & SEAVER.
Linen and Damask Works.
BELFAST.

Tickets of Samples enclosed.

No. H. 356
GENUINE GRASS-BLEACHED
DAMASK BORDERED
HUCK
FRINGED TOWELS
MADE FROM BEST FLAX
Size, 22×42 inches
ALL WHITE, — 14/9 dozen
Striped or COLORED
BORDERS, — 15/9 „
Chemicals not having been used in the Bleaching of these Goods, the strength of the fibre is unimpaired and the silky appearance always retained. They will give double the wear of any other Towels.
When ordering, kindly quote Number at head of Ticket.

No. C 88
CHAMOIS CLOTH
DUSTERS
Size, 23×23 inches,
2/6 per dozen
Hemmed, Ready for Use

No. B 234
HALF-BLEACHED
DOWLAS
ALL PURE LINEN
27 inches wide, ... 9d yard
ANY LENGTH CUT
SUITABLE FOR
Pantry, Scullery, Kitchen, or Stable use

No. 201
TWILLED
LINEN SHEETING
STRONG AND SERVICEABLE
38 inches wide, 1/1½ per yard

No. 636
LADIES'
SHAMROCK LAWN
HANDKERCHIEFS
Embroidered & Hemstitched
14/6 per dozen

Envelope Enclosed.

Kindly Return { THIS ENVELOPE WITH SAMPLES, ENCLOSING YOUR ORDER.

.... *Messrs. J. Ward & Co.* ....

No. .... *6796* ....

Harbinson & Seaver, Belfast.

53a.

BANK OF IRELAND.

N° *3768* LIVERPOOL, *28th March 19 . .*

THE LIVERPOOL & DISTRICT BANK

Pay .... *Messrs. Harbinson & Seaver* .... or order

.... *One hundred and sixty Pounds* ....

£ 160 *Julian Ward & Co.*

87a.

COMMERCIAL BANK OF LIVERPOOL LIMITED.

Advise Messrs. Glyn & Co.

to pay .... *Barclay & Co.* ... . *£ 379·11·6*

for the credit of *Royal National Bank Dublin* ... .

for .... *Sundries* .... collected

less 1/8 Commission.

Liverpool, *8th July* 19 . .

Banking.

The vast development of the ordinary Bank Account Current and the payment of almost all debts by cheque, is characteristic of the English banking system. The distinction between the Continental "*Giroverkehr*" and "*Kontokorrentverkehr*" is not sharply defined; "Kassaverkehr" is almost non-existent compared with the universal "Verrechnungsverkehr".

The holder of an ordinary current account pays into his bank all the money he receives in whatever form and draws orders to pay on the banker against the balance to his credit and in payment of his own debts to others. If the bank allows him interest on sums to his credit the transaction is similar to (a). If the banker allows him to draw more out than he paid in and charges interest for the balance *advanced*, the transaction is similar to (b). As is also the case if the banker receives *his* bills of exchange and credits him with the amounts less discount (i. e. interest for the time the banker will have to wait for his money).

Bankiy was *canulled* in the abbered M. S. butyou may leave it, as it has been sef.

The British Banking system differs from the Continental in the following points: —

(1) The multiplication of the branches of great public banks, so that every market-town and village is connected with the general system.

(2) The universal habit of keeping a bank account and paying by cheques on banks, which meet and exchange cheques, etc. at a clearing room. Gold is little used in ordinary trade payments. Notes are rarely remitted.

The English Bank constitute a vast organisation with representative branches in every town however small. Every merchant and dealer has a bank account. All documents (cheques, bills etc.) received by a business man are passed directly to his bank account. All payments made by a business man are effected by remitting his cheques on his banker. Sometimes, where the value of his own cheque might be doubted, he exchanges this for the banker's draft on another bank and remits this draft. This is the only case in which a third party's draft is used for payment between merchants. Cheques and bills do not, save in exceptional cases, pass from hand to hand as instruments of payment. Such documents pass directly from the payee (Nehmer) through his banker to the drawee. For example: — if A. receives a cheque from B. for £ 100 and has a debt of £ 100 to C.; A. would not hand B's cheque to C.; he would pass it into his bank account and give C. his *own cheque.* The life of a cheque in Great Britain is limited to two days for the same town and five days for the country. Anyone retaining a cheque beyond that time has no recourse against previous endorsers. A merchant does everything through his banker and a merchant with no banker would put himself outside the pale and almost be unable to get any banking business done. He could not even get the money for a cheque except at the office on which the cheque was drawn, and then only if uncrossed. A merchant in Liverpool desiring to domicile a bill in London would have to domicile it at his own banker's London Agents and get his banker to retire it when due. The operation would mean that the merchant would fill up a docket and hand it across the counter to his banker. The latter would include the item in his daily London Statement. The bill itself would appear against the Agent in some other clearing Bank's. Bank admitted to the Clearing-House (Abrechnungsstelle). There are eighteen such. Statements, would be exchanged and no correspondence whatever would take place.

Case of Need.

The intervention in case of need is generally provided for by writing at the top or bottom of the bill "In need with Messrs. So & So." If the drawee fails to accept or pay the bill, the holder has it protested by a notary public and than hands it with protest to the "address in case of need" who takes it up for account of the endorser whom he represents.

A case of need is rarely, if ever, found on inland bills, as these are generally presented by a bank representing the drawer to whom the bill in case of dishonour is returned directly. A "case of need" is therefore found almost exclusively on bills from abroad.

Aufgaben.

A. Warengeschäft.

Tea. (Vergl. Briefe 1—6.)

1. 30. Dezember 19 . . Die Kahdoma Tea Company schicken ihren Kunden folgenden Preiskurant:

THE

Kahdoma China & India Tea Co. Ltd.

Tea Merchants and Blenders,

LONDON and PARIS.

Telegraphic Address: 'Kah'.

OFFICES: London 26, Eastcheap.
Paris 238, Rue St. Honore.

Teas as Imported. Teas Blended. Teas in Packets. Teas for Export.

THE Company buy their Teas at Public Sale on the London Market, and having a large outlet, long experience and ample capital, are in a position to secure every advantage offered. All Sale Samples are examined by their Buyers, and the best and most suitable kinds at their respective prices are bought first-hand. Tea, however large the quantity, can be bought on no better lines.

TEAS IN ORIGINAL PACKAGES AS IMPORTED.

Prices Current: — INDIAN & CEYLON TEAS.

	DUTY PAID			
	INDIAN		CEYLON	
Dust . . .		10		10
Fannings		11		11
Broken Tea	1	. . .	1	. . .
Pekoe Souchong	1	6	1	5
Souchong	1	8½	1	7
Pekoe and Orange Pekoe	1	11½	1	10
Broken Pekoe	2	1	1	11
Broken Orange Pekoe	2	3½	2	2

CHINA TEAS.

	DUTY PAID	
Moning	1	. . .
Kaisow	1	2
New District Congou	1	5
Souchong	1	6
Oolong	1	7½
Orange Pekoe	1	8
Gunpowder	2	3
Young Hyson	2	8

In Bond (Zollamtlagernd) — less Duty—5d. per lb. under above quotations.
In ordering Original Packages from sample, the sample number should always be given.

BLENDED TEA.

Owing to the unlimited variety of Teas now on the Market, it is exceedingly difficult to select, value and decide upon the Teas most suitable for a mixture, and consequently a large Blended Tea Business has come into existence.

To meet the increasing demand for Blended Teas, the Company possess ample facilities. Their Buyers and Blenders are specially qualified for the work, their stock in bond and duty paid is one of the largest and most varied in the Kingdom, and the machinery used in the different processes is of the most approved and modern description.

In the mixing of each of their Standard Blends as on next page, the Company aim at producing a Tea that will please the largest number of consumers, that is, a Tea at once full, pungent, brisk and flavory, and at the same time possessing the best possible appearance without sacrificing the quality.

STANDARD BLENDS.

Price List.

No. 0 1/- No. 1 1/1 No. 2 1/2 increasing in price 1d par No. to No. 19 2/7.
Packed in Chests 90 lbs. to 110 lbs.; Half Chests 50 lbs. to 60 lbs.; and Boxes 36 lbs., 25 lbs. and 21 lbs.

Scented Teas.—Capers, O. Pekoes and Greens may be had to mix with the above in suitable quantities.

Samples upon application at the Office or by Post. In writing for samples, particulars should be stated of the kind of Tea required, and also an idea as to price. If it is desired to follow any special blend or particular kind of Tea, a sample of the same for matching will be of the greatest assistance.

If at any time a Tea does not seem quite satisfactory, it is particularly requested that it be carefully tested with milk and sugar against others offered at the same price. If still considered unsuitable, the Company would much prefer to have it returned in exchange for another consignment.

TERMS CASH. GOODS CARRIAGE PAID.

Cheques, Post Office Orders, &c., to be made payable to the Company, and may be crossed "City Bank, Victoria Steet Branch".

2. 31. Januar 19 .. Die Kahdoma Tea Company schreibt an S. P. Evans, Bristol. Sie bezieht sich auf die früheren angenehmen Beziehungen und drückt ihr Bedauern aus, daß diese seit einiger Zeit aufgehört haben. Um Evans zu veranlassen, seine Aufträge zu erneuern und die Beziehungen wieder zu beleben, offeriert sie ihm 29 Kisten Orange Pekoe LL "City of Lahore" zu einem Ausnahmepreise von $1/9^3/_4$ pro Pfd., 1 Monat Ziel. Sie glauben, daß dieser Posten (parcel) für seinen Bedarf sehr geeignet ist, und wenn er das beigeschickte Muster probieren will, so wird er gleich einsehen, wie billig der Preis notiert ist.

Vokabeln. Hitherto glad to reckon you as one of our most regular and esteemed customers. Notice with regret. Deprived of your orders. Renew (resume) our former relations. Specially suited to your trade. Taste a sample. Appreciate how low the goods are quoted.

3. 5. Februar 19 .. S. P. Evans bekennt sich zum Empfang von Brief, Preisliste und Muster. Er bestellt 25 Kisten LL zu $1/5^3/_4$ pro Pfd. und bittet, die Waren nach Bristol unter Zollverschluß (in bond) zu befördern.

4. 6. Februar 19 .. Kahdoma Tea Company zeigt S. P. Evans an, daß die bestellten Waren per Great Western Railway an ihn abgegangen sind. Sie dankt für den Auftrag und überreicht Faktur und Gewichtsnota (specification) über:

LL 201/205 25 Chest Orange Pekoe "City of Lahore"

gleich £ 194·2·10 per 6. März. Sie empfiehlt sich zu ferneren Diensten.

5. 6. März 19 .. S. P. Evans überschickt der Kahdoma Tea Company Cheque für den Betrag der Faktur und bittet um Empfangsanzeige.

6. 7. März 19 .. Kahdoma Tea Company bestätigt den Empfang der Rimesse und bitten um fernere Aufträge.

Spirits.

Telegrams, "EXCELSIOR", Glasgow.
Telephone No. 4283.

62 Robertson Street,
GLASGOW, *17th October* 19 ..

Mr. D. Magister, Leith.

WHISKY BLENDERS & BOTTLERS.
Bonded Warehouses.
Customs bond No. 10
26 to 30 Robertson Lane.

To WHYTE & MACKAY.

		4 cases Whisky "Special" @ 40/- per Case duty. paid.	£ 8	...	...
		Net Cash to our a/c per Bk. of Scotland, Leith, Carriage paid per Caledonian Ry. to destination.			

Der sich in der obigen Faktur widerspiegelnde Geschäftsvorfall ist nach Briefen 8a (Anhang), 9, 9a (Anhang), 10, 11 und 12 auszuarbeiten.

Hardware, Cutlery and Electro-Plate (vgl. Briefe 7—21).

1. 16. September 19 .. William Carver, Ironmonger & Hardware Merchant, 116 Oxford Street, London, schreibt an H. C. Oldfield & Co., Birmingham. Er bezieht sich auf Oldfields Brief vom 15. und erteilt jetzt einen Auftrag auf:

10	Dutzend	Tafelmesser (dinner knives), Elfenbeingriffe (ivory-handled)	@ £ 1·15/-	
10	„	Gabeln, Alfenide (electro-plate)	@ £ 1· 5/-	per Dutz.
5	„	kleine Messer (cheese-knives)	@ £ 1· 5/-	„ „
5	„	„ Gabeln (dessert-forks)	@ £ 1· 1/-	„ „
5	„	Eßlöffel (dessert-spoons)	@ £ 1· 1/6	„ „
5	„	Kaffeelöffel (tea-spoons)	@ £ -·10/6	„ „
2	„	Servierlöffel (table spoons)	@ £ 1· 5 -	„ „
3		Tranchierbesteck (set of carvers)	@ £ 2·-	„ „
$^1/_2$	Dutzend	Schöpflöffel (ladles)	@ £ -·4/6	das Stück.

Er wünscht die Waren spätestens Ende der nächsten Woche zu erhalten. Die Waren sind als Frachtgut, franko London Docks, an den Peninsular & Oriental Coy's Wharf zu befördern. Zahlung per ultimo des der Lieferung folgenden Monats bei 5% Skonto. Sorgfältige Exportverpackung zu Lasten des Käufers.

2. 17. September 19 .. Oldfield & Co. bestätigen den erhaltenen Auftrag nebst Lieferungs- und Zahlungsbedingungen, versprechen sorgfältigste Ausführung und haben Vormerkung davon genommen, daß die Waren an die P. & O. Co. Lagerhaus befördert werden sollen.

3. 26. September 19 .. Oldfield & Co. senden W. Carver Faktur im Betrag von £ . . . . (Verpackung £ 1). Sie teilen mit, daß sie die Kiste aufgabegemäß an P. & O. Co. befördert haben. Sie bitten um Gutschrift des Rechnungsbetrags und geben der Hoffnung Ausdruck, daß die sorgfältige Ausführung des Auftrags Carver neue Kunden in Indien erwerben möge.

Vokabeln. As instructed. Procure new customers.

4. 27. September 19 .. W. Carver fordert die P. & O. Co. auf, die Kiste an Soolemanjee & Co., Bombay, zu befördern. Fracht am Ankunftsort (destination) zahlbar.

5. Oktober 19 .. Oldfield & Co. überreichen Carver Rechnung über die erhaltene Ware mit der Bitte, ihnen baldige Rimesse zukommen zu lassen.

6. 4. November 19 .. Carver übersendet Oldfield & Co. seinen Cheque für den Rechnungsbetrag, abzüglich 5% Skonto.

7. 5. November 19 .. Oldfield & Co. bestätigen Carver den Empfang des Geldes und sehen ferneren Aufträgen gern entgegen.

Chandlery.

1. 15. September 19 .. Hooper & Henderson, Nottingham, fragen bei der Patent Candle Co. North Woolwich, London, auf Veranlassung eines gemeinschaftlichen Geschäftsfreundes an, zu welchen Bedingungen sie ihnen

ihren Winterbedarf in Kerzen liefern würde. Sie bitten um billigste Preise und beziffern ihren Bedarf bis Ende Februar auf rund 3000 Pakete von je 1 lb.

Vokabeln. At the recommendation of a mutual friend. Winter supply. Estimate our requirements. In round numbers.

2. 16. Oktober 19 .. Die Patent Candle Co. erklärt sich gern bereit, die Lieferung von 3000 Paketen, auf Abruf innerhalb der Monate November bis Februar lieferbar, zu übernehmen. Sonderpreise könne sie nicht machen, doch, obgleich Stearin voraussichtlich in der nächsten Zeit sehr im Preis steigen werde, würde sie, wenn die Bestellung sofort erfolgt, den ganzen Auftrag zu den jetzigen Preisen übernehmen. Sie fügt Preiskurant bei.

	per lb.	
Candles—Best Dips	9	4
Snuffless Dips	0	$4^1{}_2$
Household Wax	0	4
National Wax	0	4
Palmitine's self-fitting, 4s, 6s, 8s, 12s 1-lb boxes	0	$9^1/_2$
Stearine, self fitting	0	$7^1/_2$
Sperm, self fitting	0	7
Best Composites, plain ends	0	7
Vegetable Wax	1	2
Petro Stearine, self-fitting, 4s	0	10
Ozokerit, self-fitting, 6s, 8s, 12s	0	$9^1/_2$
Coloured Candles, 6s, 8s, 12s	0	10
	per box	
Art Candles, twisted, Old Gold, Terra-Cotta, Maize Yellow, &c 8 candles in box	1	3
Carriage Candles, 6's & 8's, per lb. $10^1/_2$ d., per 3-lb box	2	0
Xmas Candles ... per box of 18 or 40	0	4

Franko Verpackung und Fracht bis Bahnhof Nottingham. Zahlungsbedingungen: Dreimonat-Tratte oder $2^1/_2$% Skonto gegen Kassa. Sie bittet um umgehende Nachricht, da ihr zahlreiche Bestellungen in Aussicht stehen.

Vokabeln. Contract to supply. Delivery as required. Special Quotations. If ordered at once. Book the order. Numerous orders in view.

3. 18. Oktober 19 .. Hooper & Henderson bestellen als Probesendung je 25 Pakete von allen den angestellten Sorten. Sie erklären, daß sie ihre Entschließung erst treffen können, wenn sie die Ware gesehen haben, und verlangen, daß ihnen die Zusendungen frei Haus gemacht werden.

Vokabeln. Sample order. Different classes offered. Come to a decision. Free in store.

4. 20. Oktober 19 .. Die Patent Candle Co. bedauert, den Auftrag nicht ausführen zu können, da sie bei Versendungen unter 1000 Paketen die Fracht nicht mehr tragen könne. Sie betont, daß ihr Gewinn bereits äußerst niedrig bemessen sei und daß ihr Fabrikat übrigens nur aus wohl-

bekannten "Standard articles" bestehe. Sie habe Hooper & Henderson per Post eine Kiste Muster gratis geschickt, müsse aber ihren Auftrag postwendend erhalten, sonst werde sie ihre Offerte zurückziehen.

Vokabeln. Margin of profit extremely narrow. Return of post. Reconsider (cancel) their offer.

5. 22. Oktober 19.. Hooper & Henderson bestellen 1000 Pakete @ 1 lb "Household Wax", 1000 Pakete "Stearine, self-fitting", 500 Pakete "Best Composites", auf Abruf. Ferner sind von jeder Sorte 300 Pakete sofort zu liefern. Sie bestellen fernerhin, zu sofortiger Lieferung, 100 Pakete "Carriage Candles" und von "Xmas Candles" 100 Schachteln @ 18 Stück @ 6d per Schachtel.

Zahlung per Dreimonat-Tratte.

6. 23. Oktoker 19.. Die Patent Candle Co. überreicht Hooper & Henderson Faktur über die ihnen übersandten 1000 Pakete und 100 Schachteln Kerzen, im Betrag von £.... Sie werde sich zur Deckung dieses Betrags auf sie per 26. Januar erholen und bitte um gute Aufnahme ihrer Tratte.

7. 30. Oktober 19.. Hooper & Henderson zeigen den Empfang der Sendung an, bekennen sich im Besitz der Faktur und des Trattenavis und versprechen gute Aufnahme des auf sie abgegebenen Wechsels.

Vokabeln. Draw against amount of invoice. Due protection to bill.

B. Bankgeschäft.

Aufgaben.

I. Wechsel zur Diskontierung (vgl. Briefe 65—67, auch Wechselformular S. 249).

1. 15. März 19.. Forwood & Freeman, Manchester, schreiben an die Chartered Bank of India, London, mit Ladungsschein, Versicherungspolice und Tratte für £ 163·11/-, 60 Tage nach Sicht, auf Loomanjee Bros., Calcutta. Forwood & Freeman bitten die Chartered Bank, den Wechsel zu diskontieren und den Ertrag den Herren Williams Deacon & Co. für Rechnung Forwood & Freeman bei Williams Deacon & Co., Filiale in Manchester, zu überreichen.

2. 16. März 19.. The Chartered Bank überreicht Forwood & Freeman Diskontnota über den betreffenden Wechsel, den sie zu 4 % diskontiert hat. Provision usw. wird nicht berechnet. (Diskontnota nach No. 66a ausstellen.)

3. 17. März 19.. Williams Deacon & Co., Manchester, benachrichtigen Forwood & Freeman, daß der Betrag der beigefügten Diskontnota ihrem Konto gutgeschrieben ist.

II. Rimesse für fremde Rechnung (vgl. Briefe 68—79).

1. 5. März 19 .. J. B. Elliot & Co., New York, übersenden S. Wilson, Liverpool, Faktur über eine Schiffsladung Weizen, per S. S. "Virginia", im Betrag von $ 48 550. Sie zeigen Wilson an, daß sie wie üblich diesen Betrag 60/T/S gezogen und die Tratte mit Ladungsschein usw. an die International Corn Bank, London, mit der Anweisung übersandt haben, die Verschiffungsdokumente Wilson, nach erfolgtem Akzept der Tratte, auszuhändigen. Sie haben die Bank ermächtigt, Zahlung der Tratte mit Diskont @ 5% und zum Tageskurse anzunehmen. Sie hoffen, daß Wilson mit dem Ausfall der Ladung zufrieden sein werde, und wünschen, daß er bei dieser Spekulation einen guten Erfolg erzielen möge.

Vokabeln. Cargo of Wheat. As usual. Bill of Lading. Shipping documents. Surrender. Authorise. Exchange at current rate. Cargo turn out satisfactory. Speculation will prove successful.

2. 12. März 19 .. S. Wilson, Liverpool, bittet die International Corn Bank, beim Erscheinen der Tratte dieselbe sofort für Wilsons Rechnung unter Abzug des Diskonts zu bezahlen, sein Vorschußkonto (Advance Account) mit dem Betrag zu belasten und ihm den Ladungsschein zu übersenden.

3. 14. März 19 .. Die International Corn Bank übersendet Wilson den Ladungsschein der Getreidesendung ex "Virginia" und teilt ihm mit, daß sie sein Advance Account nach untenstehender Berechnung mit £ 9916·16·8 belastet und Elliot & Co. Anschaffung im Wert von $ 48155·5 gemacht hat.

Dft. Elliot	$ 48550	due 14th April
Ex. @ 485 1/2	£ 10000	
Rebate 61 ds.	83·13·4	
	£ 9916·16·8	

(Provision wird vorläufig nicht berechnet.)

4. 14. März 19 .. Die International Corn Bank überreicht J. B. Elliot & Co., New York, eine Tratte 3/T/S auf New York Banking Co. im Wert von $ 48085·5 im Auftrag und für Rechnung S. Wilson, Liverpool, und zum Ausgleich, laut beifolgender Aufstellung, von Elliots Tratte für $ 48550. Sie bittet um Empfangsanzeige.

Dft. on Wilson		$ 48550·00	due 14th April
Rebate 61 ds. @ 5%	404·50		
Commission 1/8%	60·50		
		465·00	
Dft. herewith		$ 48·085·00	

Vokabeln. In settlement of Invoice as per statement below.

5. 26. März 19 .. J. B. Elliot & Co. bekennen sich der International Corn Bank gegenüber im Besitz ihrer Tratte für $ 48085·5, die sie Herrn S. Wilson in Liverpool gutgeschrieben haben.

6. 26. März 19 . . J. B. Elliot & Co. zeigen S. Wilson, Liverpool, an, daß sie die obige Rimesse erhalten und ihm zum Ausgleich ihrer Faktur für Weizen gutgeschrieben haben.

7. 15. März 19 . . S. Wilson bekennt sich der International Corn Bank gegenüber zum Empfang der Schiffsdokumente der Ladung Weizen ex S. S. "Virginia" und teilt mit, daß er der Bank den Betrag von £ 9916·16·8 gutgeschrieben hat.

III. Domizilwechsel und Akzept für fremde Rechnung
(vgl. Briefe 80—85).

1. 25. September 19 . . R. Hunter & Co., Newcastle on Tyne, fragen bei Metropolitan Bank Ltd. an, ob und unter welchen Bedingungen dieses Bankhaus gestatten würde, "documentary" und "clean"*) bills für Hunters Rechnung zu akzeptieren und auch eventuell Hunters eigene Akzepte bei sich zahlbar stellen zu lassen.

Vokabeln. On what terms. Possibly.

2. 27. September 19 . . Die Metropolitan Bank erklärt sich bereit, für Hunter & Co.'s Rechnung Tratten mit beigefügten Schiffsdokumenten zu akzeptieren, unter der Bedingung, daß solche Tratten für nicht über 90% des Nettobetrags der betreffenden Faktur gezogen werden. Provision würden sie zu $^1/_4$% berechnen. Clean Bills könne sie nicht akzeptieren. Bei ihr zahlbar gestellte Akzepte von Hunter würde sie gegen $^1/_8$% Provision einlösen, vorausgesetzt, daß sie rechtzeitig in Besitz der nötigen Deckung komme.

Vokabeln. Relative invoice. In possession of the requisite funds.

3. 5. Oktober 19 . . W. Hunter & Co. zeigen der Metropolitan Bank an, daß sie Robert Hedley, St. Johns, ermächtigt haben, auf die Metropolitan Bank für Hunters' Rechnung £ 637 zu ziehen. Der Tratte soll Ladungsschein über eine Sendung Holz beigelegt werden, und da Hunters Aussicht haben, die Ware schon vor Ankunft des Schiffes zu verkaufen, so ist es wahrscheinlich, daß der Wechsel binnen 10 Tagen eingelöst wird.

Vokabeln. Authorises. Retire a bill. Have a prospect of disposing.

4. 6. Oktober 19 . . Die Metropolitan Bank teilt Hunter mit, daß sie von der avisierten Tratte Vormerkung genommen hat.

Vokabeln. To take due note.

5. 2. November 19 . . Hunter & Co. bitten die Metropolitan Bank, M. Bowman, Sunderland, den Ladungsschein gegen Einzahlung von £ 705·12/- zu übersenden, die Tratte abzügl. Diskont zu bezahlen und Hunter den ihnen zukommenden Saldo zu remittieren.

Vokabeln. Balance payable.

---

*) Wechsel ohne Ladungsschein.

6. 3. November 19 .. Die Metropolitan Bank übersendet Hunter & Co. Tratte on Demand für £ 70·5/- laut untenstehender Abrechnung.

Cash recd. from M. Bowman		£ 705·12· 0
Bill R. Hedley due 8th Dec. £ 637·		
Less rebate @ 4%	2,·8/10	634·11· 2
		71· 0·10
Commission 1/8% on 637		15·10
Dft. herewith.		£ 70· 5· 0

IV. Bills for Acceptance — Bills for Collection (vgl. Briefe 86—94).

1. 15. Februar 19 .. Die Midland Bank, Birmingham (C. Roberts, Manager), übersendet der Bank von Wales, Cardiff, eine Tratte von £ 1600, auf Owen William & Co., Cardiff, am 23. März fällig, mit der Bitte, Annahme derselben zu besorgen und den Wechsel, nach erfolgtem Akzept, zurückzusenden. Falls der Bezogene die Annahme verweigert, ist der Wechsel weder zu „notieren" noch zu protestieren. (1 Anlage.)

Vokabeln. Procure Acceptance. Refuse Acceptance. Note (protest) for non-acceptance.

2. 17. Februar 19 .. Die Bank of Wales schickt der Midland Bank den Wechsel unakzeptiert zurück. Der Bezogene hat die Verweigerung der Annahme dadurch begründet, daß er den Trassant nicht ermächtigt habe, auf ihn zu ziehen, und daß er übrigens mit dem letzteren wegen des Betrags noch in Unterhandlung stehe. Um Empfangsanzeige wird gebeten.

Vokabeln (siehe Anhang S. 248). Alleging. No authority. Amount is still in dispute.

3. 18. März 19 .. Die Midland Bank, Birmingham, schickt den oben erwähnten, unterdessen akzeptierten Wechsel der Bank von Wales zur Einziehung und Gutschrift bei der London & Westminster Bank.

4. 19. März 19 .. Die Bank of Wales bekennt sich der Midland Bank gegenüber zum Empfange des vorstehenden Wechsels, dessen Ertrag sie bei erfolgter Einziehung der London & Westminster Bank überweisen werde.

Vokabeln. Collect. Remit proceeds. In course.

5. 24. März 19 .. Die Bank von Wales zeigt der Midland Bank an, daß sie die London & County Bank angewiesen habe, der London & Westminster Bank die Summe von £ 1598, Ertrag des Wechsels Smith auf Williams, laut untenstehender Abrechnung, zum Kredit der Bank von Wales zu bezahlen.

Betrag des Wechsels	£ 1600·0·0
Provision @ 1/8%	2·0·0
	£ 1598·0·0

6. 24. März 19.. Die Bank von Wales sendet den bevorstehenden Wechsel der Midland Bank unbezahlt zurück. Da der Wechsel den Vermerk "O. K." ("no expenses") trug, so hat sie es unterlassen, denselben zu "notieren". (Anmerkung: Einheimische Wechsel werden meistens nur notiert, d. h. von einem Notar mit einem Vermerk versehen, welcher die Vorlage des Wechsels zum Akzept oder zur Bezahlung bescheinigt. Ausländische Wechsel werden protestiert.)

Vokabeln. Noted for non-payment.

7. 25. März 19.. Die Midland Bank bekennt sich zum Empfange des vorstehenden Wechsels.

V. Kontokorrentverkehr.

1. 12. November 19.. Crossfield & Crosby, Leadenhall Street, London, überreichen der Baltic Bank, London, ein Zirkular, wodurch sie ihre Etablierung als "Russian Produce Merchants" ankündigen. Sie erkundigen sich in einem Begleitbrief, unter welchen Bedingungen die Bank geneigt wäre, ihnen ein Kontokorrent zu eröffnen. Crossfield & Crosby werden durch die Natur ihres Geschäftes hin und wieder gezwungen, Vorschüsse auf kurze Zeit zum Ankauf von Waren zu verlangen. Deckung in der Gestalt von Ladungs- oder Lagerschein würden sie in den weitaus meisten Fällen bei der Bank niederlegen können, und wenn sie in vereinzelten Fällen vor der Rückzahlung über die Waren verfügen müßten, so würden sie durch einen von sich und ihren Abnehmern gemeinschaftlich unterzeichneten Bürgschaftsbrief das Retentionsrecht über die Waren der Bank zuerkennen, bis der Vorschuß zurückbezahlt worden sei. Sie verweisen auf die im Zirkular angegebenen Referenzen.

Vokabeln. Enclose circular. Announce. Establishment. Pleased to learn. On what terms. Disposed. Claims. Compel. Ask for advances. Bill of lading. Dock-warrant. Deposit. Isolated cases. Dispose of the goods. Lien on the goods. Joint and several Letter of Guarantee. We refer you to references named.

Ablehnung.

2. 13. November 19.. Die Baltic Bank lehnt die nachgesuchte Bankverbindung ab, da es nicht in ihrer Absicht liege, neue Kreditverbindung einzugehen.

Vokabeln. Cannot see our way. Grant the required credit. Increase our debit accounts.

Consent with Reservations.

3. 13. November 19.. Die Baltic Bank ist geneigt, Crossfield & Crosby einen Kredit in laufender Rechnung zu gewähren. Dieser soll aber bei fehlender Deckung niemals £ 1000 übersteigen. Bedingungen:

Der Saldo muß wenigstens einmal monatlich auf der Kreditseite stehen.
Provision $^{1}/_{8}$% von allen Auszahlungen.
Debetzinsen $^{1}/_{2}$% über Diskontsatz der Bank von England.
Kreditzinsen $^{1}/_{2}$% unter „ „ „ „ „

Wenn Crossfield & Crosby mit diesen Bedingungen einverstanden sind, sollen sie ihre Zustimmung schriftlich geben.

Vokabeln. Uncovered credits. Exceed. Payments from account. Debit interest. Bank rate. Signify your agreement by letter.

4. 15. November 19 . . Crossfield & Crosby nehmen die von der Baltic Bank gestellten Bedingungen dankend an. Sie bestätigen diese Bedingungen vollinhaltlich, und eröffnen die Geschäftsverbindung mit Überreichung eines Schecks, Broadhead & Simms, Stockbrokers, auf City Bank £ 6000 zur Gutschrift.

C. Kommissionsgeschäft.

Einkaufskommission.

Cotton.

1. 6. Februar 19 . . Vierhaus & Pongs, München-Gladbach, fragen bei Arrowsmith & Co., Liverpool, zu welchen Bedingungen sie den Einkauf von Baumwolle auf dem Liverpooler Markt für sie übernehmen würden. Sie bitten um schnelle Antwort.

2. 10. Februar 19 . . Arrowsmith & Co. erklären sich gern bereit, den kommissionsweisen Einkauf von Baumwolle unter den allgemein üblichen Konditionen zu übernehmen und zwar:

Einhändigung der Originalfaktur des verkaufenden Brokers.
Aufstellung einer Kommissionsfaktur auf Grund der Originalfaktur zuzüglich der Exportkosten bis Bahnhof Bremen und $^{1}/_{2}$% Provision.
Rückvergütung der Auslagen für Depeschen usw.

Weiter erinnern Arrowsmith & Co. an die üblichen Zahlungsbedingungen:

Zahlung innerhalb 10 Tage nach Datum der Faktur (Liverpool “new terms”).
Oder 60 Tage nach Sicht mit Vergütung der Bankzinsen und Provision.

Wenn Vierhaus & Pongs ihnen die Vertretung übertragen wollen, so werden sie mit genauen Berichten über Vorräte, Preise und Marktstimmung regelmäßig dienen.

Vokabeln. Purchase on commission. Usual terms. Selling broker's invoice. On the basis of. Export charges. Reimbursement, telegrams and petties. Remind. Visible supplies. Tone. Keep you informed of.

3. 13. Februar 19 .. Vierhaus & Pongs bestellen versuchsweise 100 Ballen "fair to good middling" amerikanische Spot-Baumwolle, wenn dieselbe unter 5 d zu bekommen ist (as trial order).

4. 14. Februar 19 .. Arrowsmith & Co. überreichen untenstehenden Marktbericht und Fakturen:

LIVERPOOL DAILY COTTON REPORT.

FRIDAY, 14th February 19 ..

12.15 p. m.—American continues in fair demand at steady prices.

In Brazilian there has been a fair business at unchanged rates.

Egyptian is in fair demand at steady rates.

East Indian is unchanged.

*Estimated Sales 10,000 bales, including 500 on Speculation and Export.

* The Estimate includes Cotton in the Warehouse sold for deferred delivery.

The quotations for American and Brazilian are in One-hundredths of a Penny, and are for Cotton sold "new terms", i. e. without discount.

FUTURES.—The market opened steady at 1 to 2 points decline.

New York Exchange $ 4.83 1/4 against $ 4.83 1/4 on previous day.

New Orleans „ $ 4.82 1/2 „ $ 4.82 1/2 „

REMARKS.—New York: Futures opened 1 to 4 points higher. On second call values showed 5 to 7 points advance, closing steady at 1 to 3 points above yesterday's closing rates. New Orleans: Futures opened 5 points up, and closed steady at 1 to 4 points higher.

FRIDAY, 5th December 19 ..

The above issued under the authority of the Liverpool Cotton Association, Limited.

(Selling Broker's Invoice.)

Liverpool, *17th February* 19 . .

Messrs. Vierhaus & Pongs.
Pr *Arrowsmith & Co.*

Bot of *Smith Edwards & Co.*
Pr *Selves.*

◇ L. *1/100 100 Bales Good Middling American.* Cotton ex *"Celtic".*

Subject to the rules and regulations of the Liverpool Cotton Association Limited. Payment within ten days in Cash per cent discount. — Claims for falsely packet, damaged or unmerchantable Cotton will be allowed at the value of the sound Cotton at the date of return, if such return be made and the claim sent in within 10 days and 3 months from the date of Invoice.

	c.	q.	lbs.	c.	q.	lbs.
◇ L *1*						
2						
3						
4						
5						
6						
7						
8						
9						
10						

&c. &c.

(Marken, Nummern und Gewichtsangabe der einzelnen Ballen in Gruppen von je 10 Ballen.)

¢

100 Bales Wg. 485·3·12 Gross
= 54416 lbs.
645 Bands
53771 *
2151 D. D. & Tare 4%
51620 lbs. @ 4·92 / £ 1058·4/-

* "Double Draft" (Gutgewicht) und Tara.

Buying Broker's Invoice.

Invoice of *100 Bales Good Middling American Cotton bought on Liverpool terms ex warehouse. Shipped to Bremen per S. S. "Teutonic" & delivered franco wagon.*

for Account & Risk Messrs. *Vierhaus & Pongs, München-Gladbach.*

100 Bales wg. 485·3·12 Gross = 54416 lbs. *645 „ Bands 586 10/11* *53771 „* *2151 „ D. D. & Tare 4%* *51620 lbs. @ 4·92 per lb.*				£	1058	4	..
Export Charges.							
To Sampling, receiving & forwarding to ship 7 d pr. B/-	£	2	18	4			
„ Freight @ 15 s per ton gross	„	18	4	5			
„ Dock & Town Dues @ 1 s 4 d per ton net	„	1	10	9			
„ Marine Insurance @ 5 s % on say £ 1150	„	2	17	6			
„ Petties	„	..	15	..			
„ Bremen charges taking from ship & putting on wagon @ 28 Pf. per 100 Kilos = ℳ 69.10 @ 20.40	„	3	7	9			
„ Commission £ 1058·4·0 @ ½%	„	5	5	10	34	19	7
Payment by cash against documents in the Hands of the "Deutsche Bank" Bremen.				£	1093	3	7

14th February 19 ..

N. B. (1) Ten days credit is allowed by seller on "Liverpool terms".
(2) If buyer gives 60 ds. reimbursement, interest & bank commission must be added to above charges.
(3) If sold free on rail Bremen, the price woold be 5.47 pence.

Verkaufskommission.

Wool.

Wolle, wool.
die Reinigung, scouring.
das Kämmen, combing, carding.
die gekämmte Wolle, carded wool.
die Klette, burr.
Kletten frei, free from burrs
der Posten, lot.
Kämmlinge, noils.
die Konditionierung, condition.
der Spinner, spinner.
Schweißwolle, greasy wool.
das Ergebnis, yield.
der Wollkämmer, wool-comber.
das Klettenverhältnis, quantity of burrs.
der Kammzug, quantity of burrs tops.
die Spule, sample-balls, bobbins.
das Kämmereigewicht, comber's weight.
die Spinnerei, crossbred mill.
die Kreuzzucht, crossbred.

1. Am 5. Februar 19 . . bietet der Wollkommissionär Paul Fries in Leipzig der Firma Overton Mills & Co. in Bradford seine Dienste als Verkäufer von Kammzug innerhalb des Deutschen Reiches und der Schweiz an. Er betont, daß er seit langer Zeit in der Wollbranche tätig und bei der Kundschaft gut eingeführt sei. Er stellt gute Abschlüsse in Aussicht, wenn er durch preiswerte Anstellungen unterstützt werde, er arbeite nur mit ersten Firmen. Als Referenzen gibt er die Kammgarnspinnerei zu Leipzig und die Kammgarnspinnerei Stöhr & Co. in Leipzig-Plagwitz auf. Seine Bedingungen lauten: 1 % Provision und Vergütung für Auslagen (Telegramme, Porti usw.).

Er schließt mit der Bitte um baldigen Bescheid.

Vokabeln. I have a lengthened experience. I have an extensive connection amongst (possible) customers. Contracts. In a position to offer good value. Reimbursement

2. 11. Februar 19 . . Overton Mills & Co. antworten, daß sie bereit sind, Paul Fries ihre Vertretung für Norddeutschland zu übertragen. Südlich vom Main und in der Schweiz haben sie bereits ihre Vertreter, mit denen sie durchaus zufrieden seien. Sie stellen als Bedingung, daß alle Fakturen auf Namen der Käufer ausgestellt werden und durch die Hände des Vertreters gehen. Sie betonen, daß sie nur an durchaus zuverlässige Zahler zu verkaufen wünschen. Die Provision soll vierteljährlich gemäß dem Betrag der bis dahin eingegangenen Fakturenbeträge fällig und zahlbar sein. Die Ausgaben für Telegramme, Porti und Reisen können sie nicht vergüten. Ihre Lieferungen würden sie unfrankiert ab der englischen Kämmerei bei 19 % Konditionierung für fettige und $18^1/_4$ % für trockene Kammzüge machen. Sie erkundigen sich, in welcher Währung und in welchem Gewichtsmaß ihre Notierungen zu machen seien.

Vokabeln. Entrust with their agency. Make out an invoice. Thoroughly solvent and reliable houses. Quarterly. Amounts remitted. Refund. Loco. Free in Bradford. Currency and weights.

3. 12. Februar 19.. Paul Fries erklärt sich mit den Bedingungen einverstanden. Er dankt für das ihm entgegengebrachte Vertrauen und bittet, ihm die Vertretung für Böhmen zu übertragen, wo er gut eingeführt ist. Er teilt mit, daß einige Kunden gewöhnt sind, die Wolle zu den in pence pro engl. Pfund notierten Preisen unfrankiert ab Bradford zu kaufen und meistens 30 Tage nach Datum der Faktur, abzüglich $1^1/_4$ % Skonto, zu bezahlen. Andere Firmen dagegen wären gewöhnt, die Preise in Mark pro Kilo, franko Wohnort und zollfrei, zu notieren (Zoll 2 ℳ pro 100 Kilo). Diese Firmen haben meistens ihre besonderen Zahlungsbedingungen, die Fries jedesmal bei vorkommendem Geschäft erwähnen wird. Es gibt nur wenige Häuser, die englische "Tops in Oil" kaufen. Sie nehmen nur große Quantitäten nach Abschluß und interessieren sich für Partiewaren nicht. Ihre Aufträge wären mit besonderer Sorgfalt auszuführen.

Vokabeln. To accept terms. To repose confidence in. Well known. Should I do any business with them. Under contract. Job-lots.

4. 15. Februar 19.. Overton Mills & Co. zeigen Paul Fries an, daß sie ihm zwei Spulen @ 5 Pfund (lbs.) von ihren Nummern 3421 & 3617 zugeschickt haben. Diese sind gangbare Marken und von denselben können sie bis 50000 lbs. per Monat liefern. Preise und Bedingungen notieren sie sowohl nach deutscher als nach englischer Art, um den beiden Kategorien von Kunden entgegenzukommen.

3421 50000 lbs., 24000 Ks. 50s Tops $13^7/_8$d delivered in Bradford;
2,72 ℳ für Leipzig.
3617 50000 lbs., 24000 Ks. 44s Tops $9^5/_8$d " " "
$1,92^1/_2$ ℳ für Leipzig.
Zahlung: 30 Tage Ziel, $1^1/_4$ % Skonto.

Für Entfernungen über Leipzig hinaus würden die Käufer die Mehrfracht zu tragen haben. Sie übertragen Fries auch ihre Vertretung für Böhmen unter gleichen Bedingungen wie für Norddeutschland. Sie betonen nochmals, daß die vereinbarte Provision nur dann zahlbar werde, wenn die Fakturenbeträge unverkürzt eingehen. Die Nachfrage nach Kammzug sei zur Zeit sehr lebhaft und die Preise seien im Steigen begriffen.

Vokabeln. Regular makes. To meet the wishes of. Places beyond. Additional carriage. Without any deductions.

5. 20. Februar 19.. Fries zeigt Overton Mills & Co. an, daß er Brief und Muster erhalten hat. Letztere bietet er seinem Kundenkreis an. Er berichtet, daß in Norddeutschland die Garnpreise gedrückt sind ohne Aussicht auf eine baldige Besserung der Lage. Die Spinner sind nicht geneigt, für spätere Lieferung abzuschließen; sie kaufen im Gegenteil nur, was nötig ist, um den Spinnbedarf zu decken. Fries dankt für den ihm zugeschickten Telegraphenschlüssel, den er womöglich benutzen wird.

Vokabeln. Offer samples round, show round. Prices are depressed. Yarn Trade dull. Prospect of speedy improvement. To contract for future delivery. To buy from hand to mouth.

6. 23. Februar 19 . . Fries telegraphiert, daß er eine Offerte von einer guten Firma für 5000 Kilo 3421 @ 2,67 $^{1}/_{2}$ ℳ, 30 Tage und Dreimonat-Wechsel, erhalten hat. Käufer vergütet Diskont und Wechselstempel. Er bitte um telegraphischen Bescheid. Nachdem die telegraphische Zustimmung an demselben Tage eingegangen ist, bestätigt Fries brieflich den Wortlaut der folgenden Depeschen:

1. Depesche: Gute Firma 2675 5000 3421 30 Tage Dreimonat-Wechsel.
2. „ 2675 5000 3421 angenommen.

Auf Grund der letzteren habe er an Richard Kramer in Leipzig 5000 Kilos Nummer 3421 50s Tops zu ℳ 2,675, franko Leipzig, 30 Tage und Dreimonat-Wechsel verkauft. Diskont und Stempel zu Lasten des Käufers.

Fries bittet Overton Mills & Co., sofortige Absendung der Waren zu veranlassen und ihm die Faktur einzusenden.

7. 24. Februar 19 . . Overton Mills & Co. bestätigen den Verkauf. Die Waren gehen sofort über Grimsby—Hamburg nach Leipzig, franko und zollfrei an Paul Fries selbst adressiert. Overton & Co. warten mit der Faktur, bis sie den Namen des Käufers wissen. Die Provision werden sie beim Empfang des Akzepts gutschreiben.

Vokabeln. The goods are being despatched. We withhold the invoice.

8. 25. Februar 19 . . Overton Mills & Co. übersenden Paul Fries Faktur und "Konditionsnote" über die 5000 Tops in Oil, mit der Bitte, dieselben dem Herrn R. Kramer zu überreichen.

(Faktur.)

Telegraphic Address:
"Tops".

Bradford, *25th February* 19 . .

Mr. *Rd. Kramer, Leipzig.*

BOUGHT OF OVERTON MILLS & CO.

ENGLISH & FOREIGN WOOL MERCHANTS.

LOT	BALES	DESCRIPTION	NOS	TARE	WEIGHT	PRICE	AMOUNT
		Tops in Oil		*lbs.*	*lbs.*		
3421	*22*	*Kammzug* *RK G*	*1 22*	*253*	*11440*		
		Nett Weight			*11187*		
		Condition & Weight as per Condition Note enclosed.			*11129*		
					5047	*kg à Mk. 2.67 $^{1}/_{2}$*	*Mk. 13500.70*
						Del. in Leipzig, Duty paid. Payable: 3 Months Bill in 30 days from date. Discount & Stamps to your debit.	
		E. & O. E.					

9. 23. März 19.. Overton Mills & Co. überreichen P. Fries ihre Tratte auf R. Kramer in der Höhe von 13 500,70 ℳ, am 25. Juni fällig. Sie bitten Fries, die Tratte dem Trassat vorzulegen und nach erfolgtem Akzept zurückzuschicken.

Vokabeln. Procure acceptance.

10. 25. März 19.. P. Fries schickt den acceptierten Wechsel zurück und bittet Overton Mills & Co., denselben so vorteilhaft als möglich zu begeben und Herrn R. Kramer Abrechnung darüber zukommen zu lassen.

11. 29. März 19.. Overton Mills & Co. bestätigen P. Fries den Eingang des Akzepts.

12. 29. März 19.. Overton Mills & Co. teilen R. Kramer mit, daß sie den Wechsel an demselben Tage zu $2^3/_4$ % diskontiert haben. Sie schließen Diskontnota bei und bitten Kramer, ihnen den Diskontbetrag und Stempel (7^s/-) zu remittieren.

13. 31. März 19.. Kramer überreicht Overton Mills & Co. Cheque auf London für den Betrag des Diskonts und Wechselstempels. Er bittet um Empfangsanzeige.

14. 1. April 19.. Overton Mills & Co. bekennen sich im Besitz des obenerwähnten Cheque, dessen Betrag sie Kramer als Ausgleich seines Kontos gutgeschrieben haben.

15. 3. April 19.. Overton Mills & Co. schreiben P. Fries, daß sie ihm den Betrag seiner Provision mit ℳ .... gutgeschrieben haben.

VI. Shipping and Forwarding (vergl. Briefe 124—152).

1. 8. Dezember 19.. Hermann & Meyer, Leipzig, bitten Mossley & Allerton, Manchester, ihnen umgehend die niedrigsten Notierungen für Baumwolle-Garn No. 2/80 T. R. C. und No. 2/120 F. C. G. (a) franko Leipzig und (b) f. o. b. Hull, Grimsby oder Liverpool zu schicken.

2. 10. Dezember 19.. Mossley & Allerton erkundigen sich bei folgenden Firmen über den Frachtsatz für Garn über folgende Transportwege:

(a) Thompson M'Cay & Co. Grand Central Railway, Manchester—Hull oder Grimsby.
(b) R. Steinway & Co. Manchester—Liverpool per Ship-Canal.
(c) During & Hancke, Hamburg. Grimsby—Hamburg.
(d) Uhlemann & Co., Hamburg. Manchester Docks—Leipzig (through rate).
(e) Uhlemann & Co., Hamburg. Manchester Docks—Hamburg (quayside).

3. 11.—12. Dezember 19.. Obenerwähnte Firmen antworten wie folgt:

(a) 20/- per ton. (b) 8/8 per ton. (c) 25/- per ton. (d) 4,95 ℳ per 50 Ks. (e) 33/6 per ton.

4. 14. Dezember 19 . . Mossley & Allerton notieren folgende Garnpreise an Hermann & Meyer, Leipzig:

8/260 T. R. C. f. o. b. Grimsby $14^3/_4$d per Pfd. franko Leipzig (Ship-Canal) $15^1/_4$,
do. via Grimsby $15^3/_8$,
2/120 F. C. G. do. $21^1/_4$d do. via Ship-Canal $21^3/_4$,
do. via Grimsby $21^7/_8$.

Mossley & Allerton machen darauf aufmerksam, daß die Verbindung über Grimsby schneller und häufiger ist als die über den Ship-Canal.

5. 16. Dezember 19 . . Hermann & Meyer bestellen:
120 Bundles (@ 10 Pfd.) Cotton Yarn No. 2/80 T. R. C. f. o. b. Grimsby, @ $14^3/_4$.

6. 18. Dezember 19 . . Mossley & Allerton überreichen Thompson M'Cay & Co., Manchester, Speditionsauftrag (forwarding-note) für vorstehende Waren: Bruttogewicht 6 ct.

7. 18. Dezember 19 . . Thompson M'Cay & Co. überreichen Mossley & Allerton ihre Spesenrechnung (freight-note). N. B. Der Frachtsatz versteht sich ab Lager und f. o. b.

8. 18. Dezember . . Mossley & Allerton übersenden Hermann & Meyer folgende Faktur:

Manchester, *18th December* 19 . .

Invoice for Messrs. *Hermann & Meyer, Leipzig.*

from Mossley & Allerton, *1 Bale* forwarded for your Account & risk per *John Sutcliffe & Son, Grimsby* to *During, Hancke & Co., Hamburg, at your disposal.*

Mark & No.								
		1 Bale, 0/2673.						
		Cotton Yarn:						
J L B 178	*120*	*Bdls, No. 2/80 T R C plain 7 leas*						
		lbs. 1200 @ $14^3/_4$d p. lb.	*73*	*15*	. .			
		Packing	*2*	. .	. .			
		Billstamp	. .	*1*	. .			
					£	*75*	*15*	*2*
		Due March 18th 19 . .						

9. 28. Dezember 19.. Hermann & Meyer bestellen wieder 120 Bündel derselben Ware, $15^1/_4$d per Pfund, franko Leipzig, via Ship-Canal.

10. 30. Dezember 19.. Mossley & Allerton überreichen Steinmann & Co. Verschiffungsauftrag (shipping-note) über die betreffenden Waren.

11. 30. Dezember 19.. Mossley & Allerton fakturieren die Waren. (Faktur ausstellen.)

12. Steinmann & Co. benachrichtigen Uhlemann & Co. unter Beifügung des Ladungsscheins.

13. 6. Januar 19.. Uhlemann & Co. debitieren Steinmann & Co. für Fracht, Manchester bis Leipzig, Zollamt.

14. Steinmann & Co. überreichen Mossley & Allerton Spesennota (Frachtrechnung und 2s 6d Eigenspesen).

(Welche sind die vorteilhaftesten Bedingungen (a) für die Käufer und (b) für die Verkäufer?)

Business Abbreviations.

a/c	Account.	Rechnung.
a/d	After date.	nach Dato.
a. m.	Ante meridiem.	vormittags.
A. R.	All risks.	alle Gefahren.
A/S	Account sales.	Verkaufsrechnung.
@	At, or to, or from.	zu.
B/. Bls.	Bale(s).	Ballen.
B/D	Bank Draft.	Banktratte.
B/E	Bill of Exchange.	(Sicht)Wechsel.
Bk.	Bank.	Bank.
B/L	Bill of Lading.	Ladungsschein.
Bshl.	Bushel.	Scheffel 36,37 l.
B. P. B.	Bank Post Bill.	Banktratte (n. Dato Sicht).
Brls.	Barrels.	Fässer.
Bt. fwd.	Brought forward.	Report.
B/S	Bill of Sale.	Zwangsverkauf.
C/O	Cash order.	Order.
Cd. fwd.	Carried forward.	Report.
Chgs. fwd.	Charges forward.	Spesen per Nachnahme.
c. f. & i.	Cost, freight & insurance	Kost, Fracht, Versicherung.
chq.	Cheque.	Scheck.
Ck.	Cask.	Fässer.
C. O. D.	Cash on Delivery.	per Nachnahme.
Comn.	Commission.	Provision.
C/D	Contract date.	Datum des Schlußscheins.
Contd.	Continued.	Fortsetzung.
C/P	Charter Party.	Certepartie.
Cr.	Creditor.	Kreditor.
curt.	Current.	laufend.
cwt.	Hundredweight.	Zentner (112 lbs).
ctl.	Cental.	Zentner (100 lbs).
cum. div.	With dividend.	inkl. Dividende.
D/A	Documents attached.	Dokumente anbei.
D/A	Documents for acceptance.	„ zum Akzept.
Dbk.	Drawback.	Zurückzahlung (20 T.).
d/d	Days after date.	Tage nach Dato.

D/D	Draft on Demand.	Sichttratte.
Debs.	Debentures.	Hypothekenscheine.
d. f.	Dead freight.	tote Fracht.
dft.	Draft.	Tratte.
Disct.	Discount.	Skonto.
Do.	Ditto—the same.	dasselbe.
doz.	Dozen.	Dutzend.
Dr.	Debtor.	Debitor.
d/s	Days after sight.	Tage nach Sicht.
Dly.	Delivery.	Lieferung.
E. E.	Errors excepted.	Irrtümer vorbehalten.
E. & O. E.	Errors and ommissions excepted.	Auslassungen vorbehalten.
e. g.	For example.	z. B.
Etc. (or &c.)	And so on (nie a. s. o.).	usw.
Ex.	Exchange.	Wechselkurs.
ex.	Out of.	ab.
exd.	Examined.	Geprüft.
ex. div.	Without dividend.	ohne Dividende.
F. A. A.	Free of all Average.	frei von Havarie.
F. a. s.	Free alongside.	frei a. d. Schiffseite.
Fcp.	Foolscap.	Reichsformat.
F. O. B.	Free on board.	frei an Bord.
F. G. A.	Foreign General Average.	nach ausl. Havarie.
F. P. A.	Free of Particular Average.	frei von kleiner Havarie.
Fo.	Folio.	Seite. [wärtig.
F. o.	For orders.	weiterer Anweisung ge-
F. o. w.	First open water.	erster eisfreier Auslauf.
Frt.	Freight.	Fracht.
Fwd.	Forward.	Report.
G. A.	General average.	große Havarie.
H. M. C.	His Majesty's Customs.	Königl. Zollamt.
H. M. S.	" " Service.	im Königl. Dienst.
H. M. S.	" " Ship.	Seiner Majestät Schiff.
i. e.	id est—that is.	d. h.
insce.	Insurance.	Versicherung.
inst.	Instant.	dieses Monats.
int.	Interest.	Zinsen.
inv.	Invoice.	Faktur.
I. O. U.	I owe you.	ich schulde Ihnen.
J/A	Joint Account.	gemeinsame Rechnung.
Kilos.	Kilogrammes.	Kilogramm.
lb.	1 pound (weight).	0.453 g
L/C.	Letter of Credit.	Kreditbrief.
£. s. d.	Libræ, solidi, denarii.	Pounds, shillings, pence.
M.	Mille—one thousand.	ein Tausend.
m/d	Months after date.	Monate nach Dato.

measrt.	Measurement.	Maß.
memo.	Memorandum.	Memorandum.
mo.	Month.	Monat.
M. O.	Money Order.	Geldauftrag.
m/s	Months after sight.	Monate nach Sicht.
MS.	Manuscript.	Manuskript.
MSS.	Manuscripts.	Manuskripte.
N. B.	(Nota bene) Mark well.	Nota bene.
No.	Number.	Nummer.
Nos.	Numbers.	Nummern.
o/a	On account.	à Konto.
O. P.	Open Policy.	offene Police.
oz.	Ounces.	Unze 28·350 g
P. A.	Particular Average.	kleine Havarie.
P/A	Power of Attorney.	Vollmacht.
paymt.	Payment.	Zahlung.
pcs.	Pieces (of cloth).	Stück.
pd.	Paid.	Bezahlt.
per ann.	By the year.	jährlich.
per pro.	Per procurationem.	per procura.
pkgs.	Packages.	Pakete, Stücke.
pm.	Premium.	Prämie.
p. m.	Post meridiem.	nachmittags.
P/N	Promissory Note.	Eigenwechsel.
P. O.	Post Office.	Postamt.
p. o. c.	Port of call.	Einlaufshafen.
P. O. O.	Postal Order.	Postanweisung.
p. p.	Particular ports.	nach bestimmten Häfen.
pp.	Pages.	Seiten.
pro forma.	As a matter of form.	pro forma.
pro. tem.	For the time being.	vorläufig.
prox.	Next month.	nächsten Monats.
P. S.	Postscriptum (written afterwards).	Postskriptum.
P. T. O.	Please turn over.	Bitte umdrehen.
Qr.	Quarter. a) $^1/_4$ Cwt. b) 8 Bshls.	a) $12^1/_2$ Ks. b) 8 Scheffel.
Qto.	Quarto.	Quarto.
Qy.	Query.	Frage.
q. v.	(Quod vide) which see.	siehe.
Recd.	Received.	Erhalten.
Rect.	Receipt.	Quittung.
Regs.	Registered tonnage.	Tonnengehalt.
Regt.	Registered.	Eingeschrieben.
Retd.	Returned.	zurück.
R. I.	Re-insurance.	Wiederversicherung.
Shipt.	Shipment.	Wiederverschiffung.
S. S. or Str.	Steam-ship.	Dampfschiff.

Stg.	Sterling. ·✕·	englische Währung.
T. T.	Telegraphic Transfer.	Telegraphen-Giro.
U. K.	United Kingdom.	Ver. Königreich.
ult.	Ultimo—last month.	vorigen Monats.
U. S. A.	United States of America.	Vereinigte Staaten.
viz.	Videlicet—namely.	und zwar.
Wd.	Warranted.	garantiert.
Wt.	Weight.	Gewicht.
Y. A. R.	York-Antwerp Rules.	Havarie-Bestimmungen.

·✕· Ursprünglich eine mit 4 Szeptern (also ein sternartiges Gepräge) versehene Münze, die nach Gewicht (libræ Sterlinorum) in Zahlung genommen wurde.

Vorderseite.

PRIMA

F. BRAUN & SÖHNE

Berlin, den *20. April 19 . .* pr. *20. Juli 19 . .* auf *Magdeburg*

Für M. *1230.45*

Drei Monate dato zahlen Sie für diesen Prima-Wechsel an die Order von

Herren F. Krause & Co. die Summe von

Mark *Eintausendzweihundertunddreißig und 45 Pfg.* ——

den Wert *erhalten* und stellen solchen auf Rechnung *lt.* Bericht

Herren F. Braun & Söhne *G. Keller & Co.*

No. *276* in *Magdeburg.*

Rückseite.

Deutscher Wechsel-
Stempel
M. 1.—
Von mehr als 1000 bis
2000 Mark
den 20. April 19 . .

Für uns an die Order der
Herren Arnhold Schultz & Co.

G. Keller & Co.

Arnhold Schultz & Co.

Inland Bill of exchange.

Vorderseite.

Bill-Stamp [1]
3s

Accepted payable
at Glyn Mills Curry & Co. [7]
Haughton & Co. [6]

£ 250·10·6

Due *March 11th* 19 . . [2])

London, *8th December* 19 . .

Three .... months after date pay to our [3]) order

...... *Two hundred & fifty pounds ten shillings & six pence.* Value received.

To Messers. *Haughton & Co.* [5])
35 St. Leonard St.
London W. C.

Barrowdale James & Co. [4])

1) Stamp 1/- für jedes Hundert oder Bruchteil eines Hunderts. (£ 50 = 6d, £ 25 = 5d, £ 10 = 2d, £ 5 = 1d.) 2) + 8 "Days of Grace". 3) „Payee" (hier sind die Aussteller auch die „Payees"). 4) Drawees. 5) u. 6) Drawees & Acceptors. 7) Domicile. Das Akzept wird meistens quer durch den Wechseltext geschrieben.

Rückseite.

Pay Par's Bank or order
Borrowdale James & Co. [1])
Per Pro. Par's Bank,
R. Carson [2]),
Manager.

1) "1st Endorser" and "previous endorser" to
2) "last endorser".

Vorderseite.

pr. 7. *Juli 19* . . auf *Wien*

Nürnberg, den *7. Mai* 19 . .

Für M. *Kr. 2500.— öst. W.*

Zwei Monate nach heute zahlen Sie für diesen Prima-Wechsel an die Order *der Herren Gebr. Pfeiffer* die Summe von

Zweitausendfünfhundert Kronen österr. W.

den Wert *in Rechnung* und stellen solchen auf Rechnung *A. G. lt.* Bericht

Herren Oskar Schwarz & Co.
in *Wien*

J. B. Strauß.

No. *000* *Mariahilfergasse 26.*

Oscar Schwarz & Co.

PRIMA

Rückseite.

Deutscher Wechsel-Stempel
M. 1.50.
Von mehr als 2000 bis 3000 Mark
den 7. Mai 19..

J. B. Strauß

Für uns an die Order des Herrn G. Salzmann. Wert bar erhalten.

Passau, den 10. Mai 19..

Gebr. Pfeiffer.

Für mich an die Order des Herrn Ernst Burghard. Wert in Rechnung.

Magdeburg, den 15. Mai 19..

G. Salzmann.

Ernst Burghard.

Foreign Bill.

Vorderseite.

Stamp
Two Shillings

No. 3681 Exch. for £ 133·11·0 Liverpool, *11th December* 19 . .

Sixty days after Sight .... pay this First of Exchange
(Second and Third of same tenor & date unpaid) .... to .... *the* .... order
of *Ourselves* .... the Sum of
One hundred & thirty-three pounds eleven shillings Sterling
at the current rate of Exchange for demand drafts on London.

Value .... *received* .... which place to Account .... *as per advice.*
Rebate allowed at 5%.

To *Soolemanje & Co.* *Harford Brothers.*
Calcutta.

In need With Dewolker & Co., Calcutta.[1])

Rückseite.

Pay Bank of Wales Ltd. or order
Harford Brothers.

Pay National Provincial Bk. Ltd.
or order
p. p. Bank of Wales
A. Cousins,
Manager.

Pay Bank of India Ltd.
or order
p. p. National Provincial Bank
A. Wroth, Manager.

Vorderseite.

Lit: O. Nr. 6734

Ausgehändigt an *Bernhard Kluge, Berlin.*

M. *500.*—

Datum *24. März* 19 . .

Allgemeine Deutsche Creditanstalt

Lit.: O. Nr. 6734 M. *500.*—

Die Allgemeine Deutsche Creditanstalt in Leipzig wolle zahlen gegen diesen Scheck aus meinem / ~~unserem~~ Guthaben an

Herrn Bernh. Kluge —— oder Überbringer

—— Mark *Fünfhundert* ——

Berlin, den *24. März* 19 . .

Friedrich Langer.

Schecks, in denen der Zusatz „oder Überbringer" durchstrichen oder eine Zahlungsfrist angegeben ist, werden nicht bezahlt.

500000
450000
400000
300000
250000
200000
150000
100000
50000
40000
30000
20000
10000
5000
4000
3000
2000
1000
500

Rückseite.

Bernhard Kluge.

Vorderseite.

Cheque.

No. D. 06 783

11th December 19 . .

M. Culloch & Co.

. . . .

£100

Bank of Liverpool Limited.
London Agents, Messrs. GLYN & Co.

Not negotiable[6]).
& Co.[7])

12, MYRTLE STREET.

No. D. 06 783 Liverpool, *11th December* 19 . .

To the BANK OF LIVERPOOL LIMITED[1]),
MYRTLE STREET BRANCH.

Pay[2]) . . . . *Messrs. M. Culloch & Co.*[3]) . . . . or Order[4])

——— *One hundred pounds*[5]). ———

£100·- *J. Montgomery*[8]).

1) Drawees. 2) „On demand" ist zu verstehen. 3) Payees. 4) „Order cheque": "Bearer cheque" würde "or bearer" haben. 5) Dieser Raum ist ganz auszufüllen, mit einem Strich wenn nötig. 6) Dieser Vermerk bedeutet, daß der Inhaber des Cheques kein besseres Recht dazu hat als irgend einer von seinen Vormännern. Wenn einer von den letzteren auf unrechtmäßige Weise in Besitz des Cheques gekommen war, so ist jeder wenn auch bona fide-Inhaber in derselben Lage, als ob er selbst den Cheque so bekommen hätte. 7) Nur zur Verrechnung (schräg durch den Text gezogen). 8) Drawer.

Vorderseite.

Sola-Wechsel.

Fällig am *1. Juli 19 . .* in *Leipzig.*

Leipzig, den *19. April 19 . .* Für M. 725.—

Einen Monat datiert zahle *ich* für diesen *meinen* Sola-Wechsel an die Order

des Herrn Georg Fischer die Summe von

—— *Mark Siebenhundertfünfundzwanzig* ——

Zahlbar bei

der Allgemeinen Deutschen Creditanstalt

No. *601* in *Leipzig.*

Eduard Hoffmann.

Rückseite.

Deutscher Wechsel-Stempel
M. —.40.
Von mehr als 600 bis 800 Mark
den 19. April 19 . .

Eduard Hoffmann.

Für mich an die Order des Herrn Albrecht Mayer.

Georg Fischer.

Albrecht Mayer.

Promissory Note. (Solawechsel.)

Vorderseite.

due *14th Jan.*

Stamp 8.

£760·—

London, *11th December* 19 . .

One month after date I promise to pay *James Grierson* [1]), *Esqre.,* or order, *at my office,* the sum of *seven hundred & sixty* pounds sterling *with interest on same from this day till date of payment at the rate of 4 per cent per annum.*

Alfred Hoare [2]).

1) Payee. 2) Promissor.

Rückseite.

James Grierson.

Vorderseite.

Quittung.

——— *Mark Tausendzweihundert* ———

von *Herrn Wilhelm Schmidt, hier*

als Teilzahlung auf unsere Forderung ———

———

———

empfangen zu haben bescheinigen hiermit

Dresden, den *19. Oktober* 19 . .

Gebr. Steinmann.

M. 1200.—.

Vorderseite.

Doppelquittung.

Für ——— *M. 390.—.* ———

Schreibe *Dreihundertneunzig Mark* ———

von *Herrn Friedr. Kahn, hier*

für Rechnung *der Herren F. Bormann & Co., Plauen i. V.* empfangen zu haben, bescheinigen hiermit doppelt für einfach geltend

Leipzig, den *18. April* 19 . .

Wilhelm Lehmann & Co.

Quittung.

Vorderseite.

No. *367*

11th December 19 .

Received from

R. Knight

£ 26·10/-

No. *367* *Liverpool, 11th December* 19 . .

Received from .... *Mr. Robert Knight*

the Sum of .... *twenty-six* .... Pounds

.... *ten* .... shillings and ....

pence *Amount of A/C to date.*

£26·10/- [One Penny] *Earls & Homerton.*

Doppelquittung.

Vorderseite.

No. *3* London, *11th December* 19 . .

Received from .... *the International Bank* ....
(as per Dublicate of same tenor and date)

the Sum of .... *One hundred* .... Pounds

.... shillings and ....

pence, for Account .... *The Bank of Canada* .... under
Letter of Credit K. 123.

£ 100 [One Penny] *Arthur Montcalme.*

N. B. Doppelquittungen sind im englischen Geschäftswesen fast unbekannt.